Jeugdige delinquenten

Merel van Dorp
Met medewerking van
Semra Aytemur
Nienke Swart

Jeugdige delinquenten

Praktijk en achtergrond

Houten 2019

ISBN 978-90-368-1439-3   ISBN 978-90-368-1440-9 (eBook)
https://doi.org/10.1007/978-90-368-1440-9

© Bohn Stafleu van Loghum is een imprint van Springer Media B.V., onderdeel van Springer Nature 2019
Alle rechten voorbehouden. Niets uit deze uitgave mag worden verveelvoudigd, opgeslagen in een geautomatiseerd gegevensbestand, of openbaar gemaakt, in enige vorm of op enige wijze, hetzij elektronisch, mechanisch, door fotokopieën of opnamen, hetzij op enige andere manier, zonder voorafgaande schriftelijke toestemming van de uitgever.

Voor zover het maken van kopieën uit deze uitgave is toegestaan op grond van artikel 16b Auteurswet j° het Besluit van 20 juni 1974, Stb. 351, zoals gewijzigd bij het Besluit van 23 augustus 1985, Stb. 471 en artikel 17 Auteurswet, dient men de daarvoor wettelijk verschuldigde vergoedingen te voldoen aan de Stichting Reprorecht (Postbus 3060, 2130 KB Hoofddorp). Voor het overnemen van (een) gedeelte(n) uit deze uitgave in bloemlezingen, readers en andere compilatiewerken (artikel 16 Auteurswet) dient men zich tot de uitgever te wenden.

Samensteller(s) en uitgever zijn zich volledig bewust van hun taak een betrouwbare uitgave te verzorgen. Niettemin kunnen zij geen aansprakelijkheid aanvaarden voor drukfouten en andere onjuistheden die eventueel in deze uitgave voorkomen. De uitgever blijft onpartijdig met betrekking tot juridische aanspraken op geografische aanwijzingen en gebiedsbeschrijvingen in de gepubliceerde landkaarten en institutionele adressen.

NUR 770
Basisontwerp omslag: Studio Bassa, Culemborg
Illustraties binnenwerk en omslag: Marit de Wolf, dewolfillustraties.nl, Kampen
Automatische opmaak: Scientific Publishing Services (P) Ltd., Chennai, India

Bohn Stafleu van Loghum
Walmolen 1
Postbus 246
3990 GA Houten

www.bsl.nl

Inhoud

1	**Inleiding**	1
1.1	De Gevaarlijke Delinquent	2
1.2	Vooroordelen en veronderstellingen	2
1.3	Indeling	2
1.4	Termen en definities	3
1.5	Dank	3
2	**Baldadig of boef**	5
2.1	Bijna allemaal delinquent	7
2.2	Het is de leeftijd	8
2.3	Een kleine groep is antisociaal	9
2.4	Pak de lastpak	10
2.5	Niet delinquent, niet normaal	11
2.6	De age-crime curve verandert	12
2.7	Dalende jeugdcriminaliteit: we zien het minder	12
2.8	Dalende jeugdcriminaliteit: werkelijk minder delinquenten	13
	Literatuur	15
3	**Het begint in de buik**	17
3.1	Agressieve baby's	19
3.2	Normale ontwikkeling: boosheid de baas	19
3.3	De kunst je te beheersen	20
3.4	Agressiever door prenatale risico's	20
3.5	Het babylijf en risicofactoren	21
3.6	De impact van moeders gedachten	22
3.7	Prenataal reflectievermogen en ouderschap	23
3.8	Hulp tijdens de zwangerschap	24
3.9	Hulp na de zwangerschap	25
3.10	Interventies: specifiek of generiek	26
	Literatuur	26
4	**Het is de schuld van hun ouders**	27
4.1	Directe en indirecte invloed van ouders	29
4.2	Soorten opvoeding	30
4.3	Niet zo'n beste opvoeding	30
4.4	Hoe kinderen hun opvoeding beïnvloeden	31
4.5	Opvoeding van vader of moeder	32
4.6	Heropvoed ouders en verminder delinquentie	33
4.7	Familie-interventies in de praktijk	34
	Literatuur	34
5	**Foute vrienden**	37
5.1	Het verband tussen vrienden en delinquentie	39
5.2	Denk of wéét je dat je vriend delinquent is?	39
5.3	Vriendschappen op korte termijn	40

5.4	Rondhangen met vrienden	42
5.5	Rondhangen: de plek	42
5.6	Ouders doen er niet meer toe?	43
5.7	Monitoren in een achterstandsbuurt	44
5.8	Wel delinquente vrienden, zelf niet delinquent	44
5.9	De kracht van resisters	45
	Literatuur	46
6	**Altijd weer die Marokkanen**	49
6.1	Minderheden in de meerderheid	51
6.2	Theorieën over etniciteit en criminaliteit	51
6.3	Bijstand en armoede	52
6.4	Sociale controle	54
6.5	De opvoeding van allochtone ouders	54
6.6	Betrokkenheid van ouders bij detentie	55
6.7	Het is de buurt waarin ze opgroeien!	56
6.8	Hulp bereikt allochtonen niet	57
6.9	Oom agent heeft een bias	58
	Literatuur	59
7	**Een ongeluk komt nooit alleen**	61
7.1	Normoverschrijdend en druk	63
7.2	Ook nog verslaafd	63
7.3	Jeugd met een licht verstandelijke beperking (LVB)	64
7.4	Jeugd met LVD: kwetsbaar	65
7.5	Verslavingsgevoeligheid	66
7.6	Drie-, vier-, meervoudige problematiek ...	67
7.7	Multiproblemen behandelen	68
7.8	Maatwerk	68
	Literatuur	69
8	**Die 22-jarige is eigenlijk 16**	71
8.1	Adolescentenstrafrecht: niet nieuw, wel anders	73
8.2	Tijd rijp voor ASR	74
8.3	De advocaat: pleiten voor ASR	76
8.4	De rechter: oordelen tot ASR	78
8.5	ASR: minder toegepast dan gehoopt	78
8.6	Beter af met ASR	79
	Literatuur	80
9	**Ik zeg niets en ontken alles**	81
9.1	Zwijgrecht	83
9.2	Hij kan niet anders	83
9.3	Schuld en schaamte	84
9.4	Moreel redeneren en het geweten	85
9.5	Empathie	86
9.6	Empathisch én berekenend	88

9.7	Goedpraten	88
9.8	Persoonlijkheidsonderzoeken	89
9.9	Zo krijg je ze aan het praten	89
9.10	Straf bij zwijgen volgens onderzoek	90
9.11	Straf bij zwijgen in de rechtszaal	91
9.12	Ik heb het tóch gedaan!	91
	Literatuur	92

10	**Hij leert er niets van**	93
10.1	Na de gevangenis: meer recidivekans	95
10.2	Positieve invloed van groepsgenoten?	95
10.3	Wenselijk gedrag overnemen	96
10.4	Wel groepsgenoot, geen vriend	96
10.5	Lang behandelen beter?	97
10.6	Minder denkfouten	97
10.7	Recidive terugdringen: haalbaar?	98
10.8	Doelen bereiken	99
10.9	Motiveren tot verandering	100
10.10	Motiveren moet je leren	100
10.11	Biologisch kwetsbaar	101
10.12	Hormonen en medicatie	102
	Literatuur	103

11	**Woning, werk en wijf? Dan komt alles goed!**	105
11.1	Levensloopcriminologie	107
11.2	Woning	107
11.3	Werk of inkomen	108
11.4	Wijf	109
11.5	Niet het huwelijk, maar het ouderschap	111
11.6	Telt verkering ook?	111
11.7	Preventie en begeleiding	112
11.8	Van hetzelfde laken een pak?	113
11.9	Volhouden	114
	Literatuur	115

12	**Slachtoffers maken of slachtoffer zijn?**	117
12.1	Bart, Axel en Kevin	119
12.2	Nare jeugdervaringen, nare uitkomsten als volwassene	119
12.3	Verwaarlozing en delinquentie	120
12.4	Hoe erger de jeugdervaringen, hoe slechter de uitkomst	121
12.5	Veranderde hersenen, veranderde genen	122
12.6	Veelpleger Noureddine: zielig of berekenend?	123
12.7	Slachtoffer en dader: dezelfde behandeling?	123
	Literatuur	124

	Bijlagen	125
	Register	126

Inleiding

Samenvatting

Vooroordelen over jongens die onder bedreiging een avondwinkel overvallen of zich regelmatig schuldig maken aan inbraak, wie heeft ze niet? Is het inderdaad eigen schuld dat een jongere in de gevangenis terechtkomt? Dit boek neemt vooroordelen en veronderstellingen onder de loep en beschrijft welke factoren een rol spelen bij (de ontwikkeling van) delinquentie bij adolescenten tussen de 12 en 23 jaar. Hoe complex delinquentie in elkaar zit, wordt beschreven aan de hand van onderzoek, interviews met wetenschappers, hulpverleners, juristen en jongeren zelf en afgewisseld met ervaringen uit de praktijk van twee strafrechtadvocaten.

1.1 De Gevaarlijke Delinquent – 2

1.2 Vooroordelen en veronderstellingen – 2

1.3 Indeling – 2

1.4 Termen en definities – 3

1.5 Dank – 3

© Bohn Stafleu van Loghum is een imprint van Springer Media B.V., onderdeel van Springer Nature 2019
M. van Dorp, S. Aytemur en N. Swart, *Jeugdige delinquenten*, https://doi.org/10.1007/978-90-368-1440-9_1

> » Wie die overval pleegde? Een Marokkaan natuurlijk!
> » Logisch dat die jongen ontspoort. Zijn ouders stellen totaal geen grenzen.
> » Het liep helemaal uit de hand met Sven. Foute vrienden, je kent het wel.

1.1 De Gevaarlijke Delinquent

Tien jaar geleden belde ik op een avond aan bij een enigszins vervallen arbeidershuisje. Het behang bladderde van de muren, de inrichting was pover. Een 20-jarige deed open, petje op zijn hoofd, tatoeages op zijn onderarmen. Vond ik het goed dat hij de 1-jarige in trappelzak in zijn armen eerst even naar bed bracht? Later kreeg ik een kopje thee en vertelde hij hoe hij dreigend met een wapen een benzinestation had overvallen en in de jeugdgevangenis terechtkwam. Tussendoor excuseerde hij zich twee keer om even bij zijn kind te kijken. Een onbezonnen jongere, een gevaarlijke delinquent, een vader, een jongvolwassene met plannen voor de toekomst.

Hij was niet de eerste adolescent of jongvolwassene die ik sprak met forse delicten op zijn naam. En ook niet de eerste bij wie de vraag zich aan me opdrong: ernstig delinquente jongeren – kun je die eigenlijk onder één noemer vangen? De overeenkomst is dat de meesten vroeg of laat met politie en justitie in aanraking komen. Maar waardoor ze in de criminaliteit belanden verschilt.

1.2 Vooroordelen en veronderstellingen

Iedereen kent of heeft wel vooroordelen over waarom jongeren zich niet naar de wet gedragen. Meestal blijkt de werkelijkheid minder zwart-wit dan in eerste instantie verondersteld. Verschillende factoren hangen met de ontwikkeling van delinquentie samen en hebben onderling ook invloed op elkaar, zoals etniciteit, leeftijdgenoten, opvoeding van ouders en woonplek. Dat maakt met jeugdigen werken of ze onderzoeken interessant én ingewikkeld. Dit boek beschrijft of er een kern van waarheid zit in maatschappelijke vooroordelen en met welke veronderstellingen rond delinquentie we beter korte metten kunnen maken, volgens onderzoekers en professionals uit de praktijk.

1.3 Indeling

In ▶ H. 2 wordt de ontwikkeling van delinquentie bij adolescenten in het algemeen geschetst. De daaropvolgende hoofdstukken lichten onderwerpen uit die een rol spelen bij delinquente jeugdigen over wie we ons echt zorgen moeten maken: degenen die het niet houden bij het stelen van een blikje cola. Theorieën die aan delinquentie ten grondslag kunnen liggen, worden vergeleken met wetenschappelijke bevindingen en ervaringen uit de hulpverleningspraktijk.

Elk hoofdstuk start met de juridische praktijk van Semra Aytemur en Nienke Swart over de jongeren die zij verdedigen in de rechtbank. Strafrechtadvocate Semra Aytemur van 020 Advocatuur studeerde sociaaljuridische dienstverlening en rechten en is lid van de Nederlandse Vereniging van Jonge Strafrechtadvocaten (NVJSA). Nienke Swart werkte acht jaar als strafrechtadvocaat, was bestuurslid van de Vereniging van Jeugdrechtadvocaten te Amsterdam (JRAA) en werkt inmiddels als officier van justitie bij het Openbaar Ministerie (OM) in Noord-Holland. Hun juridische blik biedt een aanvullende kijk op delinquentie naast de pedagogische, psychologische of sociaalwetenschappelijke invalshoeken in *Jeugdige delinquenten*. De namen van de personen in hun verhalen zijn om redenen van privacy gefingeerd.

Vanuit meerdere perspectieven krijgt de lezer inzicht in delinquentie. Dat maakt het boek geschikt voor studenten en professionals die in aanraking komen met delinquente jeugd of besluiten over ze nemen, en meer willen weten over de achtergronden van delinquentie.

1.4 Termen en definities

De teksten zijn tot stand gekomen met behulp van gesprekken met onderzoekers, hulpverleners en jongeren, en met gebruik van diverse onderzoeken, artikelen, websites en boeken. Het boek is bedoeld als handvat voor studenten, beleidsmakers, hulpverleners en juristen die meer willen begrijpen van de achtergronden van jongeren die in de criminele valkuil trappen. Het pretendeert niet volledig te zijn. De professionele praktijk van alledag, sommige wetenschappelijke bevindingen en de verschillen per individu zijn vaak (nog) veel complexer.

In *Jeugdige delinquenten* worden met delinquente jongeren niet de pubers bedoeld die een beetje blowen of te veel alcohol drinken, een keertje een bloesje uit een warenhuis stelen of uit balorigheid een deuk in een vuilnisbak trappen. Het gaat om de jongeren die serieuzer delicten plegen, zoals diefstal met bedreiging en/of geweld, inbraken met en zonder bedreiging of gewelddadig en antisociaal gedrag. Strikt genomen is de term delinquentie alleen van toepassing op minderjarige jongeren; voor volwassenen wordt de term criminaliteit gebezigd. In dit boek worden beide termen door elkaar gebruikt, maar gaat het om jeugd tussen de 12 en 23 jaar.

De definities voor puber, jongere en adolescent kunnen in onderzoek verschillende leeftijdscategorieën inhouden. Hier worden de woorden door elkaar gebruikt en worden leeftijden aangeduid wanneer dat van belang is. De term jongvolwassene slaat op 18- tot en met 23-jarigen. Met de persoonsvorm 'hij' wordt werkelijk een jongen bedoeld. Meisjes zijn buiten beschouwing gelaten omdat het verband met delinquentie vaak weer (net) anders ligt. Sommige professionals of wetenschappers sprak ik eerder voor *JeugdenCo* en soms komen korte stukken teksten terug die ik voor dit jeugdzorgvakblad schreef.

1.5 Dank

Ten eerste ben ik dank verschuldigd aan Semra Aytemur en Nienke Swart, voor hun aansprekende verhalen over hoe ze delinquente jongeren juridisch bijstaan. Ook ben ik hen erkentelijk voor het nauwkeurig meelezen van de teksten, met name waar het over wetten, straffen en andere zaken in het jeugdrecht gaat.

Graag wil ik mijn meelezers hartelijk danken, Merijn van de Vliet, Edith Geurts, Vera van Hooff, Annemarie van Dijk en Marjolein Ekkelboom, voor hun journalistieke blik, kritische vragen, tekstuele opmerkingen en/of inhoudelijke kennis.

Dank ook aan alle geïnterviewden voor hun openheid, het delen van hun kennis en ervaringen; in het bijzonder Frank Weerman en André van der Laan, bescheiden in hun voorkomen, behept met een bijna onuitputtelijke kennis. Ik had al bewondering voor de professionals die met deze ingewikkelde jongeren werken aan een betere toekomst en voor onderzoekers met hun vergaande kennis op dit gebied, en die bewondering is alleen maar vergroot.

Veel dank ook aan illustrator Marit de Wolf, die zware onderwerpen in een treffend beeld weet te vangen, en altijd met een kwinkslag. Ten slotte dank aan mijn uitgever Joyce Rodenhuis voor het vertrouwen in mij.

In het bijzonder wil ik mijn partner Mathijs Kompier bedanken, die mij altijd tijd en ruimte geeft voor nieuwe uitdagingen, zoals een voltijdstudie volgen naast werk en gezin, en nu weer het schrijven van een boek.

Baldadig of boef

De één crimineel, de ander een boefje

Samenvatting

Vrijwel alle jongeren zijn weleens een beetje delinquent. Hoort het bij pubers om dingen te doen die niet door de beugel kunnen? Misschien is de aandacht voor jeugdcriminaliteit overdreven, want cijfers laten zien dat de jeugdcriminaliteit nog altijd daalt. Toch is er bij een klein aantal adolescenten, dat na de puberteit crimineel gedrag blijft vertonen, reden tot zorg.

2.1 Bijna allemaal delinquent – 7

2.2 Het is de leeftijd – 8

2.3 Een kleine groep is antisociaal – 9

2.4 Pak de lastpak – 10

2.5 Niet delinquent, niet normaal – 11

2.6 De age-crime curve verandert – 12

2.7 Dalende jeugdcriminaliteit: we zien het minder – 12

2.8 Dalende jeugdcriminaliteit: werkelijk minder delinquenten – 13

Literatuur – 15

© Bohn Stafleu van Loghum is een imprint van Springer Media B.V., onderdeel van Springer Nature 2019
M. van Dorp, S. Aytemur en N. Swart, *Jeugdige delinquenten*, https://doi.org/10.1007/978-90-368-1440-9_2

De juridische praktijk: Halt voor Hugo

Hugo Strauss is een knappe blonde jongen van 14 jaar. Hij spreekt goed Engels, al is te horen dat Duits zijn moedertaal is. Hij was met vrienden voor een week in Amsterdam. Ze kampeerden buiten de stad en op de avond van Hugo's aanhouding zouden ze terugkeren naar hun woonplaats Flensburg. Zijn vrienden hadden niet op hem gewacht en zaten in de bus naar huis, terwijl Hugo een nacht in de politiecel doorbracht.

Ik sprak hem de ochtend na zijn aanhouding. Zijn verhaal was aandoenlijk: hij had een paar souvenirs gestolen in een winkel aan het Rokin. Hij wilde graag wat cadeautjes meenemen naar huis, maar hij vond 5 euro voor een magneetje kennelijk zo duur dat hij het risico nam om ze zonder te betalen in zijn zak te steken. Vervolgens werd hij door de winkeleigenaar aangehouden. Deze man was volgens Hugo nogal hardhandig geweest en zou Hugo een paar keer hebben geduwd.

Ida, de moeder van Hugo, was door de politie in kennis gesteld van Hugo's aanhouding en was inmiddels vanuit Flensburg onderweg naar het hoofdbureau van de politie. Gezien de reisafstand van zes uur belde ik haar om te vertellen dat ik inmiddels aanwezig was om juridische bijstand te verlenen. Ze hoefde zich dus niet te haasten. In de tussentijd steunde ik Hugo tijdens het politieverhoor. Op mijn advies gaf Hugo eerlijk toe wat hij had gedaan, bood zijn excuses aan, maar vertelde ook dat de winkeleigenaar hem een paar keer had geduwd.

Ik vertelde Hugo dat er in Nederland zoiets bestaat als een Halt-straf, een alternatieve straf voor minderjarigen die voor het eerst een (licht) strafbaar feit plegen. Het grote voordeel van Halt is dat je geen strafblad krijgt. Je krijgt de opdracht tot het schrijven van een excuusbrief of je wordt een paar uur aan het werk gezet, bijvoorbeeld op een kinderboerderij, maar daarna is het klaar. Omdat Hugo niet in Nederland woont, vreesde ik dat hij hiervoor niet in aanmerking zou komen. Ik hoopte dan ook dat zijn strafzaak zou worden geseponeerd vanwege het hardhandige optreden van de winkeleigenaar tijdens de aanhouding.

Na het verhoor maakte ik kennis met Ida. Ze was erg geschrokken van de diefstal. Hugo was vaker in Nederland geweest. Hugo's vader was Nederlander. Ida sloot niet uit dat Hugo in de toekomst in Nederland zou willen wonen en werken. Terwijl ik Ida informeerde over het verdere verloop van de procedure, belde de recherche haar met de mededeling dat Hugo een 'transactievoorstel' van 100 euro werd aangeboden. Dat houdt in dat Hugo door deze 100 euro te betalen schuld bekent en niet meer voor de rechter hoeft te komen. Ida drukte de telefoon in mijn handen, want haar Engels is niet zo goed. Ik liet de betrokken agent weten dat ik inmiddels had begrepen dat Hugo zich in de toekomst mogelijk in Nederland zou willen vestigen, en vroeg of het niet mogelijk was dat Hugo toch in aanmerking zou komen voor Halt. Zoals verwacht verwees de agent mij naar de officier van justitie. Ik belde met de officier en legde het verhaal uit. Ze dacht dat dat niet kon, maar zou toch met de Raad voor de Kinderbescherming overleggen. Alleen als de Raad zou instemmen, was het mogelijk, want de Halt-straf wordt door deze instantie uitgevoerd.

Een uur later kreeg ik het verlossende telefoontje. De Raad was akkoord gegaan! Niet alleen kreeg Hugo de kans om een Halt-straf uit te voeren, het werd hem ook nog gemakkelijker gemaakt door dit in de grensstreek van Nederland en Duitsland te doen. Dat scheelt Hugo en zijn moeder maar liefst twee uur reistijd. Moeder en zoon, die beiden ontzettend down waren, konden weer glimlachen. En ik ook.

Semra Aytemur

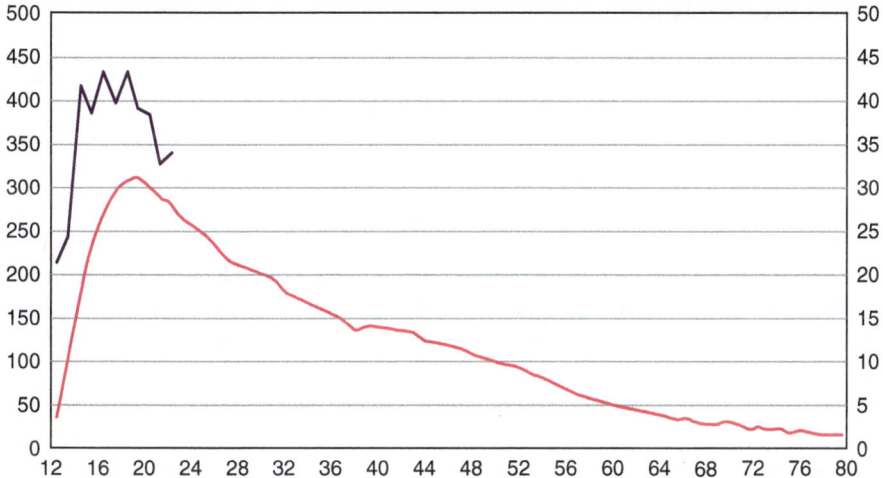

Figuur 2.1 Age-crime curve van delicten volgens jongeren zelf (paarse lijn) en geregistreerde verdachten (rode lijn) per 1.000 per leeftijd in 2014 in Nederland. (Bron: Monitor Jeugdcriminaliteit 2017, WODC)

2.1 Bijna allemaal delinquent

Het is even schrikken. Bijna alle jongeren vertonen weleens antisociaal gedrag of risicogedrag, zoals geluidsoverlast veroorzaken of te veel drinken. 'En best veel jongeren laten delinquent gedrag zien,' vertelt André van der Laan, senior onderzoeker bij het Wetenschappelijk Onderzoek- en Documentatiecentrum (WODC) van het ministerie van Justitie en Veiligheid. 'Zo'n vier op de tien jongeren zegt weleens een delict te hebben gepleegd.' Tussen het twaalfde en zestiende jaar neemt het aantal overtredingen van de gemiddelde jongere toe. Zou je er een grafiek van tekenen, dan zie je een piek in crimineel gedrag rond hun zestiende en zeventiende. Daarna zet een gestage daling in, tot het begaan van overtredingen bij de meeste mensen nauwelijks meer voorkomt tegen het dertigste levensjaar.

Deze figuur, een snelle klim en na de piek een iets minder steile afdaling, heet de *age-crime curve* (fig. 2.1) en is in verschillende landen in Europa en in de Verenigde Staten aantoonbaar terug te zien in de bevolking. Dat wil trouwens niet zeggen dat elke jongere wel een keer een benzinestation overvalt: het gaat (ook) om overtredingen als een pakje kauwgom stelen, betrokken zijn bij een vechtpartij of een bushokje vernielen. Zowel jongens als meisjes begaan tijdens hun puberteit overtredingen, al doen jongens het vaker dan meiden.

Er is bij meiden overigens wel een inhaalslag gaande: het aantal geregistreerde delicten stijgt harder dan bij jongens. Dit kan komen doordat de politie meer aandacht heeft gekregen voor meisjes die een delict plegen. Bij meisjes duurt de criminele carrière in zijn algemeenheid korter en stopt meer plotseling na het zeventiende jaar dan bij jongens (Sonderman et al. 2015).

Binnen die age-crime curve is er onderscheid te maken tussen in elk geval twee groepen die delicten plegen, bewees klinisch psycholoog Terrie Moffitt in de jaren negentig van de vorige eeuw. Het gaat om de *life course persisters*, die crimineel gedrag blijven vertonen als (jong)volwassene, en de *adolescence limited offenders*, die alleen tijdens hun puberteit overtredingen begaan. De laatste groep is het grootst en dat is lastig voor de samenleving – het is vervelend voor winkeliers als er blikjes cola worden gejat en irritant dat er zitbankjes in de openbare ruimte worden gesloopt.

2.2 Het is de leeftijd

Maar er is hoop. Bij de meeste jongeren gaat delinquentie over naarmate ze ouder worden. Hoe dat komt? De veronderstelling van Moffitt is dat jongeren grenzen overschrijden omdat ze het irritant vinden dat ze door de buitenwereld nog niet voor volwassen worden aangezien. Ze willen zich om die reden afzetten tegen gezag en willen status verwerven middels 'stoer' gedrag. Een andere veronderstelling is dat hun prefrontale cortex (de voorste hersenkwab) nog niet voldoende is ontwikkeld, waardoor jongeren gevoeliger zijn voor beloning en spanning, moeite hebben met plannen en minder goed kunnen beoordelen of bepaald gedrag op de lange duur wel verstandig is. Daarnaast staat er nog niet zoveel op het spel voor jongeren: ze hebben nog geen verantwoordelijkheden die in gevaar komen door baldadig gedrag, zoals een gezin of vaste baan (Moffitt 1993).

Precies om die reden noemt Ido Weijers, emeritus hoogleraar jeugdstrafrecht (Universiteit Utrecht), het in jeugdzorgvakblad *JeugdenCo* (2, 2017) weinig zinvol om deze jongeren na een overtreding naar Halt te sturen voor een leerstraf. Een Halt-sanctie (▶ kader Halt-interventie) bestaat uit gesprekken (leerstraf), werkstraf en eventueel een excuusbrief aan het slachtoffer. Bij de werkstraf wordt naar een passende activiteit gezocht; denk aan een bezoek aan het Anne Frankhuis als een jongere met graffiti hakenkruizen op een muur heeft gespoten. Het gaat dus niet meer om papiertjes prikken in het park, zoals eerder gebeurde.

Weijers: 'Vanaf de oprichting van Halt in de jaren tachtig is er twijfel of Halt-straffen lichte vergrijpen, zoals door rood rijden of iets kleins stelen, in de toekomst helpen voorkomen. Met de doorsnee Halt-jongere is namelijk niets aan de hand. Die maakt braaf zijn Halt-sanctie af. Dat zegt echter niets over de effectiviteit van de sanctie, want die jongeren zouden we sowieso niet hebben teruggezien. Bij vergrijpen als zwartrijden of een vechtpartijtje zijn jongeren betrokken met wie over het algemeen niks mis is.'

Onderzoek van Ferwerda en collega's (2006) in opdracht van het ministerie van Justitie laat zien dat een Halt-interventie inderdaad niet leidt tot het plegen van minder en minder ernstige strafbare feiten. Ook jongeren die delicten plegen, maar geen Halt opgelegd krijgen, plegen binnen een jaar tijd niet minder en minder ernstige strafbare feiten. Driekwart van de jongeren, met en zonder Halt-straf, pleegt binnen een half jaar volgens henzelf weer ten minste één strafbaar feit. Wel of geen Halt-sanctie lijkt dus geen verschil te maken voor herhaald delictgedrag. Halt-jongeren begaan zelfs vaker vernielingen.

De jongeren die een leer- en werkstraf van Halt hebben doorlopen, zeggen wel veel te hebben geleerd en de Halt-jongeren die spijt hebben betuigd, plegen daarna wel minder en minder ernstige delicten. Deze bevindingen onderstrepen Weijers' overtuiging dat de Halt-jongeren niet verschillen van 'gewone' jongeren.

Halt-interventie
De politie of leerplichtambtenaar kan Halt inschakelen als een jongere tussen de 12 en 18 jaar een misdrijf heeft gepleegd of overtreding heeft begaan. Na een schriftelijke oproep en voorgesprek met de ouders voert een jongere drie gesprekken over de impact van zijn delict, krijgt hij leeropdrachten van minimaal zes uur – waaronder het schrijven van een excuusbrief of in levende lijve excuses aanbieden aan het slachtoffer – en moet de schade vergoeden. Soms volgt nog een werkstraf. Een Halt-straf duurt maximaal twintig uur en voorkomt dat een jongere een strafblad krijgt.

2.3 Een kleine groep is antisociaal

Wel mis is het met een kleine groep. Die groep is verantwoordelijk voor het gros van de jeugddelicten (▶kader Delinquentie: onschuldig of ernstig?). Het zijn (veelal) de jongens die van jongs af aan antisociaal gedrag laten zien door, volgens Moffitt (1993), de wisselwerking tussen hun neurobiologische 'aanleg' voor antisociaal gedrag en de omgeving waarin ze opgroeien. Ze hebben last van impulsief gedrag (ADHD), scoren lager op cognitief en verbaal niveau en op zelfcontrole.

De ouders hebben vaak een soortgelijke aanleg en zijn daardoor minder goed in staat pedagogisch te reageren op het gedrag van het kind. En/of ouders hebben zelf problemen waardoor een minder gunstige opvoedsituatie ontstaat (denk aan werkloosheid of alcoholgebruik). Zo is een jongere zo niet alleen erfelijk belast, maar verkeert ook al niet in de meest voordelige omstandigheden om op te groeien – en die twee zaken beïnvloeden elkaar natuurlijk ook nog.

Bij deze kinderen zie je dat het antisociale gedrag blijft, al verandert de vorm: de schoppende kleuter spijbelt vervolgens al in groep zes, steelt een auto om te kunnen joyrijden als brugklasser, verkoopt drugs als 16-jarige, maakt zich als jongvolwassene schuldig aan verkrachting en zo verder. Dit wordt heterotypische continuïteit genoemd (Moffitt 1993; Prinzie 2004).

Door hun gedrag kunnen ze niet rekenen op positieve reacties uit hun omgeving en dat telt op tot weinig succesvolle ervaringen: van school gestuurd worden maakt het vinden van een baan later immers lastiger. Deze jongeren, zo'n 5 % van alle adolescenten, maakt zich schuldig aan inbraken, gewelddadige delicten of drugsverkoop (Keijsers 2013) en lopen kans zich te ontwikkelen zich tot life course persister, notoire veelpleger.

> **Delinquentie: onschuldig of ernstig?**
> Delinquentie is het containerbegrip voor wettelijk strafbaar gedrag van jongeren tussen de 12 en 23 jaar oud. Delinquent gedrag – de term crimineel wordt bij volwassenen gebruikt – kan tot een boete of straf leiden.
> Er wordt onderscheid gemaakt tussen vier types strafbare feiten of delicten: Geweldsdelicten, vermogensdelicten, vernieling en overige delicten. Binnen elk type wordt weer onderscheid gemaakt tussen *overtredingen* en *misdrijven*. Onder overtredingen vallen bijvoorbeeld zwartrijden, discriminerende uitlatingen of slaan zonder dat iemand gewond raakt. Straf vanwege een overtreding leidt niet tot een strafblad, wel vaak tot een boete. Overigens worden alle veroordelingen, licht of zwaar, geregistreerd in de zogeheten justitiële documentatie. Het 'strafblad', zoals het in de volksmond wordt genoemd, vormt daar onderdeel van. Voor sommige beroepen mag je ook geen veroordelingen voor overtredingen in je justitiële documentatie hebben staan – dan krijg je evenmin een Verklaring Omtrent Gedrag (VOG).
> Bij misdrijven gaat het om *zware criminaliteit* of *veelvoorkomende criminaliteit*. Onder zware criminaliteit worden bijvoorbeeld moord, inbraak, mishandeling, beroving, overval of verkrachting verstaan. Bij veelvoorkomende criminaliteit gaat het om vernieling of kleine diefstallen. De veelvoorkomende misdrijven – de term misdrijf klinkt hier dus ernstiger dan de werkelijke delicten – worden minder zwaar bestraft.

2.4 Pak de lastpak

Een indeling van jongeren in delinquente groepen, dat lijkt een kwestie van de types opsporen en onder meer de veelplegers flink heropvoeden en bijsturen. Maar dat valt tegen. Wie denkt dat je die antisociale kinderen eruit moet pikken vóórdat ze in de puberteit belanden – preventief signaleren en behandelen –, bewandelt waarschijnlijk niet het juiste pad. Fairchild en collega's (2013) vergeleken in hun systematische review 61 onderzoeken en zagen namelijk dat een deel van de jongeren die als kind ernstig antisociaal gedrag vertoonden, daarmee stopten in de puberteit. Volgens Moffitts theorie zou dit juist de groep zijn die doorgaat.

Moffitt ontdekte (2002) dat er meer groepen zijn te onderscheiden, zoals de hard studerende types die zich tijdens de adolescentie niet inlaten met criminaliteit. Deze laatbloeiers hebben als volwassene een goede baan en een fijne relatie. Daarnaast onderscheidt ze de *recovery* groep, die wel vergrijpen blijft plegen als volwassene, maar niet zo ernstig als de life course persisters. Met deze jongeren gaat het niet erg goed als ze de leeftijd van 26 jaar bereiken. Ze leven sociaal geïsoleerd en hebben veel last van internaliserende problemen, zoals angst en depressie (Moffitt et al. 2002). Simpelweg voorspellen wie crimineel wordt door te kijken of iemand als kind of tijdens de midden-adolescentie antisociaal of delinquent gedrag laat zien, is er dus niet bij.

Wat opsporen van de risicogroep notoire veelplegers ook bemoeilijkt, is dat de life course persisters en adolescence limited offenders erg op elkaar lijken. Beide delinquente groepen zijn neuropsychologisch kwetsbaar en hebben te maken met risicofactoren in hun jeugd (Fairchild et al. 2013). De onderzoekers concluderen dat het *aantal* ongunstige factoren wellicht veel belangrijker is dan de soort risicofactoren waarmee iemand in zijn jeugd te maken krijgt. Onderzoeker Van der Laan beaamt: 'Voor dit cumulatieve risicofactorenmodel is veel steun, ook op basis van Nederlands onderzoek.'

Zo zagen de Nederlandse onderzoeker Mark Assink en collega's (2015) in hun meta-analyse van 55 onderzoeken dat de notoire veelplegers vooral met méér en niet per se andere risicofactoren te maken hebben dan de adolescenten die pas in hun adolescentie delinquent gedrag vertonen.

Een andere groep onderzoekers onder leiding van Darrick Joliffe (2017) vond in hun review maar weinig verschillen tussen de types delinquenten. Ze betrokken ook een derde groep, de late starters, die pas na hun 20e crimineel gedrag vertonen (*late offenders*). Ook hier werd duidelijk dat de life course persisters met meer risicofactoren te maken hebben en niet specifiek met andere dan de adolescence limited offenders. De late starters hebben weer met minder risicofactoren van doen dan de adolescence limited-groep. Alledrie de groepen hadden als jongere kenmerken als het vertonen van impulsief en hyperactief gedrag, slecht presteren op school, weinig sturende en ondersteunende ouders en opgroeien in armoede of slechte buurten.

Ontdekken of je met een hoogrisicojongere te maken hebt door te kijken naar wanneer hij begint met delicten plegen, geeft dus geen uitsluitsel. Zouden risicofactoren die veel eerder spelen, tijdens de zwangerschap of bij geboorte, van doorslaggevender belang zijn (▶ H. 3)? Of behoeden bepaalde beschermende factoren een jongere voor een criminele levensweg, zoals een ontzettend leuke docent met wie hij een klik heeft of een sport waarin hij kan uitblinken? Van der Laan: 'Inmiddels weten we dat naast risicofactoren ook beschermende factoren jongeren weerhouden van antisociaal gedrag. Hoe meer gunstige factoren, hoe meer bescherming dat biedt.'

2.5 Niet delinquent, niet normaal

In de adolescentie ontdekken jongeren wie ze zelf zijn. Gekke zijsprongen maken en uitproberen horen erbij. Maar er zijn ook jongeren die nooit iets doen dat niet door de beugel kan. Is dat reden om te juichen of is dat ook niet normaal? Er is bijvoorbeeld verband tussen last hebben van sociale angst als jongere en je onthouden van diefstal, vandalisme, drugsgebruik en betrokkenheid bij vechtpartijen. Angst als bescherming tegen delinquentie dus (Mercer et al. 2016). Andere kenmerken van jongeren die nooit iets baldadigs doen, zijn bijvoorbeeld hoog scoren op eerlijkheid, zich gedragen volgens de groepsnorm (conformiteit) en opgroeien in een gezond financieel huishouden. Veroordeelde jongeren scoren juist laag op die kenmerken (Mercer et al. 2016).

Gek genoeg hebben de onthouder en delinquent iets gemeen: ze zijn beiden niet populair en presteren slecht op school. Zijn alle onthouders over één kam te scheren? Nee, er blijken verschillen binnen de groep jongeren die zich niet met delinquentie inlaten. De onthouders van delinquentie met een hoge score op eerlijkheid doen het later goed. Zij hebben doorgaans werk, een relatie en een woning. De onthouders die niet populair zijn en slechter presteren op school, zijn op hun 48e eigenlijk net zo slecht af als delinquenten op deze gebieden. Alleen zijn ze niet delinquent. De onpopulaire delinquenten gebruiken als volwassene vaker drugs dan de onthouders (Mercer et al. 2016). De conclusie is dat een beetje delinquent gedrag niet nodig is om op te groeien als een goed functionerende volwassene. En niet-delinquent zijn is geen voorbode voor een succesvol leven als volwassene.

2.6 De age-crime curve verandert

Of jongeren nu wel of niet delinquent blijven, de age-crime curve is een feit. Hoewel, ook daar lijkt in Nederland (en in bijvoorbeeld Schotland) een verschuiving plaats te vinden. Was de piek voor geregistreerde jeugdige verdachten in 2007 en 2010 nog respectievelijk rond 16 en 17 jaar – precies in lijn met Moffitts theorie en onderzoek –, vanaf 2013 schuift de leeftijd op. Intussen zijn jonge verdachten het meest crimineel rond hun 18e. Bovendien is er niet echt meer sprake van een piek, becijfert het WODC in de Monitor Jeugdcriminaliteit 2017, maar meer van een plateau dat loopt van 17 tot 23 jaar (Laan en Beerthuizen 2018).

Beginnen jongeren later omdat ze liever rondsurfen op internet of online ongein uithalen? Of worden jongeren later zelfstandig en stoppen ze daarom pas met delinquent gedrag als ze ouder zijn? Van der Laan beaamt dat later volwassen worden een deel van de verklaring kan zijn: 'Jongeren studeren langer, blijven langer thuis wonen, starten later met een baan en verbinden zich op oudere leeftijd aan een partner. De verantwoordelijkheden van een volwassen leven verschuiven dus naar een later moment. Onderzoeker Jeffrey Arnett noemt dit *emerging adulthood*, ontluikende volwassenheid.'

In onderzoek naar de verschuivende leeftijd voor criminaliteit in Schotland zoeken wetenschappers Matthews en Menton (2018) het antwoord ook in het politieke discours. Politieke opvattingen veranderen volgens hen van streng straffen tijdens de eeuwwisseling naar *compassionate justice* in 2007. Criminaliteit wordt pas op latere leeftijd gezien als crimineel en strafbaar. Voor een deel komt dat overeen met het invoeren van het adolescentenstrafrecht (ASR) in Nederland in 2014 (▶ H. 8). Het ASR benadrukt het meewegen van de ontwikkeling van het puberbrein in de veroordeling, dat tot het drieëntwintigste jaar nog niet 'rijp' is.

2.7 Dalende jeugdcriminaliteit: we zien het minder

Waar maken we ons eigenlijk druk om? Het aantal jongeren tussen de 12 en 23 jaar dat wordt aangehouden, verdacht of berecht wegens een delict, is de afgelopen jaren gedaald in Nederland. De afname van jeugdcriminaliteit gaat zowel op voor jongeren die voor het eerst een delict plegen (*first offenders*) als voor jongeren die eerder met justitie en politie in aanraking kwamen. De jeugdcriminaliteit daalt al een tijd, ook in de ons omringende landen.

Maar is het aantal jongeren dat crimineel gedrag laat zien werkelijk gedaald of is de afname te wijten aan andere factoren? Wordt er geen dader opgepakt, is er geen aangifte gedaan of wordt een verdachte niet geregistreerd door politie en justitie, dan zien we hem niet terug in de criminaliteitsstatistieken. Zo kreeg de politie rond 2009 te maken met een gebruiksonvriendelijk registratiesysteem en geven politieagenten in onderzoek van Ton van Ham en collega's (2018) aan dat ze daardoor minder op straat waren en eerder een waarschuwing gaven dan proces-verbaal opmaakten.

Verder is het aantal zaken dat wordt geseponeerd bij minder- en meerderjarige verdachten in de periode 2011–2015 verdubbeld. Seponeren gebeurt als er onvoldoende bewijs is – waarschijnlijk door onvoldoende recherchecapaciteit en minder opsporingsprioriteit. Ook dit kan zorgen voor een vertekend beeld.

Misschien ook is de ZSM-werkwijze (Zorgvuldig, Snel en op Maat) debet aan de afname van geregistreerde en verdachte jeugdigen. ZSM moet sinds 2013 zorgen dat, in samenwerking met betrokken instanties, bij een overtreding zo snel mogelijk een Halt-afdoening of doorverwijzing naar jeugdzorg of een andere instantie plaatsvindt. Mogelijk wordt daardoor minder vaak voor een strafrechtelijk vervolg en vaker voor een ander traject gekozen: er worden namelijk vaker zorgmeldingen gedaan over jongeren en meer reprimandes aan delinquenten verstrekt.

Daarnaast opperen Van Ham en collega's (2018) dat het Salduz-arrest verband kan hebben met de afname. Met dit arrest is vastgelegd dat een verdachte bij aanhouding recht heeft op een advocaat voor hij wordt verhoord. Een advocaat laten komen kost tijd, waardoor politiemedewerkers niet op straat zijn om boeven te vangen. Direct na de invoering van de Salduz-regeling in april 2010 is inderdaad een afname te zien van het aantal unieke geregistreerde jeugdige verdachten, sterker dan gemiddeld dat jaar.

'Toch kun je ervan uitgaan dat er werkelijk een afname in jeugdcriminaliteit is,' stelt Van der Laan. 'Misschien is er minder hard bewijs dan de politieregistraties laten zien, maar andere bronnen, zoals zelfrapportage en internationaal onderzoek, bevestigen de daling.'

2.8 Dalende jeugdcriminaliteit: werkelijk minder delinquenten

Misschien voelen jongeren zich minder aangetrokken tot delinquent gedrag en zien we ze daarom minder terug in het jeugdstrafrecht (▶ kader Jeugdstrafrecht: straf en maatregelen). Wellicht zijn ze 'braver' geworden omdat de relatie met hun ouders beter is: open zijn tegen je ouders over wat je doet en denkt, beschermt tegen delinquentie. Of omdat de leeftijdsgrens voor alcoholgebruik is verhoogd en ze zich moeten legitimeren als ze alcohol willen aanschaffen. Die grens voorkomt te veel drinken en daardoor de fout in gaan. Van der Laan: 'Voor deze verklaringen vinden we zeker bewijs. Er is naar mijn idee niet één factor die de daling verklaart. Het is een samengaan van meerdere factoren tegelijk.'

Zo zijn jongeren tegenwoordig liever bezig met sociale media op hun smartphone en met gamen, stelt Frank Weerman in zijn oratie bij zijn benoeming tot bijzonder hoogleraar Jeugdcriminologie aan de Erasmus Universiteit Rotterdam. Daardoor hangen ze minder rond op straat. Hun online activiteiten zouden kunnen bijdragen aan waardering en erkenning door leeftijdgenoten – dat hoeven ze niet meer te bereiken met baldadig gedrag. Of ze veranderen hun delinquente praktijken van plek: naar de virtuele wereld in plaats van *in real life*. Cybercriminaliteit door jongeren heeft de politie minder goed in beeld. Mogelijk ontstaan door de online mogelijkheden ook andersoortige delinquenten: het zijn niet langer de zichtbare branieschoppers, maar hackers die vanaf hun zolderkamertje schade aanrichten. Hoe het precies zit, is niet duidelijk. Online delinquentie is nog tamelijk onontgonnen onderzoeksterrein.

Of is de afname te verklaren doordat tegenwoordig overal alarmsystemen en camera's hangen? Een beter beveiligde samenleving maakt het voor jongeren minder aanlokkelijk om vermogensdelicten te gaan plegen, zoals diefstal, waarmee de meeste jongeren lijken te starten. Deze verklaring wordt de debuuthypothese genoemd: jongeren beginnen niet, omdat de pakkans te groot is.

Delinquentie is een complex verschijnsel. Er zijn veel mogelijke oorzaken waarom jongeren beginnen of doorgaan met delinquent gedrag en diverse verklaringen waarom sommige jongeren extra kwetsbaar zijn. De volgende hoofdstukken gaan dieper in op deze 'boefjes': de jongeren die terechtkomen in justitiële jeugdinrichtingen (JJI's) en het niet lijken te houden bij een enkel vergrijp. Daarbij is het doel eveneens om de vooroordelen, die er vaak zijn over delinquenten, te scheiden van wat er in werkelijkheid bij deze jongeren speelt.

Jeugdstrafrecht: straf en maatregelen

Het jeugdstrafrecht is in principe bedoeld voor 12- tot 18-jarigen. Het kan ook worden ingezet voor meerderjarigen tot 23 jaar – dit laatste heet adolescentenstrafrecht – als hun ontwikkeling daar aanleiding toe geeft. In het jeugdstrafrecht ligt de nadruk op pedagogisch bijsturen en behandelen, naast straf. Dit boek beschrijft de jongeren die zich aan zwaardere misdrijven schuldig hebben gemaakt en bij wie het jeugdstrafrecht van toepassing is. Wordt een jongere aangehouden, dan kan hij hiermee te maken krijgen:

Voorlopige hechtenis
Voorlopige hechtenis wil zeggen dat jongeren tot het moment dat ze worden berecht in een JJI worden geplaatst als ze worden verdacht van veel of ernstige delicten, of als het risico op herhaling groot is wanneer de jongere de rechtszaak in vrijheid afwacht. Voorlopige hechtenis duurt maximaal negentig dagen, maar kan daarna nog worden verlengd. Een rechter kan onder voorwaarden tot schorsing besluiten, dat wil zeggen dat een verdachte jeugdige de rechtszaak in vrijheid mag afwachten. Voorwaarden zijn bijvoorbeeld dat de jongere op elke zitting verschijnt en geen nieuwe strafbare feiten pleegt (algemene voorwaarde), dat hij op een bepaald adres blijft of geen contact heeft met medeverdachten (bijzondere voorwaarden).

Lichte delicten: Halt
De officier van justitie kan besluiten jongeren die een licht delict hebben gepleegd naar Halt te verwijzen of de zaak aan de rechter voor te leggen. Halt bestaat uit gesprekken over hun gedrag, de schade vergoeden, excuses aanbieden en een leeropdracht maken. Soms wordt een paar uur taakstraf opgelegd. Het delict wordt dan niet in de justitiële documentatie opgenomen en een jongere krijgt daarmee dus geen strafblad. De jongeren in dit boek zijn de Halt-afdoening voorbij: zij krijgen zwaardere straffen.

Straffen en jeugddetentie
Andere straffen die de rechter kan opleggen, zijn geldboetes, taakstraf (werk- of leerstraf) en detentie, dat wil zeggen verblijf in een justitiële jeugdinrichting (JJI). Een combinatie, al dan niet voorwaardelijk, is ook mogelijk. Jeugd tussen de 12 en 15 jaar kan maximaal één jaar jeugddetentie opgelegd krijgen; dat betekent verblijf in een JJI. Bij een jongere ouder dan 16 jaar kan maximaal twee jaar jeugdgevangenis worden opgelegd. De tijd in voorlopige hechtenis wordt daarvan afgetrokken. Als jongeren een opgelegde boete of schadevergoeding niet betalen of hun taakstraf niet hebben volbracht, kan alsnog tot vervangende jeugddetentie worden besloten.

Maatregelen: PIJ
Naast straf kan de rechter maatregelen opleggen. Dat kan als een jongere niet (geheel) toerekeningsvatbaar is voor zijn daden of als de rechter verwacht dat behandelen en heropvoeden beter helpt dan straf om herhaling van delicten in de toekomst voorkomen. De zwaarste maatregel is PIJ (Plaatsing in een Inrichting voor Jeugdigen), ofwel jeugd-tbs. Het kan bestaan uit een behandeling in een gesloten instelling of uit een combinatie van jeugddetentie met intensieve begeleiding. PIJ kan worden opgelegd aan jeugdigen tot 23 jaar die voldoen aan drie criteria: de jeugdige heeft een misdrijf gepleegd waarop een gevangenisstraf staat van vier jaar of meer, de veiligheid van de samenleving is in het geding en de maatregel draagt waarschijnlijk bij aan een positieve ontwikkeling van de jeugdige.

Andere maatregelen

Andere maatregelen zijn bijvoorbeeld de gedragsbeïnvloedende maatregel (GBM), zoals het verplicht volgen van een afkickbehandeling of agressieregulatietraining, en vrijheidsbeperking door bijvoorbeeld een elektronische enkelband of restricties over alcoholgebruik.

Kinderen jonger dan 12 jaar kunnen in Nederland niet volgens het strafrecht worden veroordeeld. Zij kunnen wel een jeugdbeschermingsmaatregel opgelegd krijgen vanuit het civiele recht, waardoor hun ouders gedwongen hulp krijgen bij de opvoeding of het kind uit huis wordt geplaatst en in een pleeggezin of instelling wordt behandeld.

Literatuur

Assink, M., Put, C. E. van der, Hoeve, M., Vries, S. L. A. de, Stams, G. J. J. M., & Oort, F. J. (2015). Risk factors for persistent delinquent behavior among juveniles: A meta-analytic review. *Clinical Psychology Review, 42,* 47–61. ▶ https://doi.org/10.1016/j.cpr.2015.08.002, ▶ https://pure.uva.nl/ws/files/8012091/02.pdf.

Fairchild, G., Goozen, S. H. M., Calder, A. J., & Goodyer, I. M. (2013). Research review: Evaluating amd refprmulating the developmental taxonomic theory of antisocial behaviour. *Journal of Child Psychology and Psychiatry, and Allied Disciplines, 54,* 924–940. ▶ https://doi.org/10.1111/jcpp.12102.

Ferwerda, H., Leiden, I. van, Arts, N., & Hauber, A. (2006). *Halt: Het Alternatief? De effecten van Halt beschreven.* Den Haag: Boom.

Ham, T. van, Bervoets, E., Scholten, L., & Ferwerda, H. (2018). *Realiteit of registratie-effect. De invloed van registratie-effecten op de daling van de geregistreerde jeugdcriminaliteit.* Arnhem: Bureau Beke.

Joliffe, D., Farrington, D. P., Piquero, A. R., MacLeod, J. F., & Weijer, S. van de (2017). Prevalence of life-course-persistent, adolescence-limited, and late-onset offenders: A systematic review of prospective longitudinal studies. *Journal of Aggression and violent behavior, 33,* 4–14. ▶ https://doi.org/10.1016/j.avb.2017.01.002.

Keijsers, L. (2013). *Waarom tieners zo irritant kunnen zijn. En hoe je daar als ouder mee kunt leren leven.* Houten: Lannoo Campus.

Laan, A. M. van der, & Beerthuizen, M. G. C. J. (2018). *Monitor Jeugdcriminaliteit 2017. Ontwikkelingen in de geregistreerde jeugdcriminaliteit in de jaren 2000 tot 2017.* Den Haag: WODC, CBS.

Matthews, B., & Minton, J. (2018). Rethinking one of criminology's 'brute facts': The age–crime curve and the crime drop in Scotland. *European Journal of Criminology, 15,* 296–320. ▶ https://doi.org/10.1177/1477370817731706.

Mercer, N., Crocetti, E., Meeus, W., & Branje, S. (2017). Examining the relation between adolescent social anxiety, adolescent delinquency (abstention), and emerging adulthood relationship quality. *Anxiety, Stress and Coping, 30,* 428–440. ▶ https://doi.org/10.1080/10615806.2016.1271875.

Mercer, N., Farrington, D. P., Ttofi, M. M., Keijsers, L., Branje S., & Meeus, W. (2016). Childhood predictors and adult life success of adolescent delinquency abstainers. *Journal of Abnormal Child Psychology, 44,* 613–624. ▶ https://doi.org/10.1007/s10802-015-0061-4.

Moffitt, T. E. (1993) Adolescence-limited and life-course persistent antisocial behavior: A developmental taxonomy. *Psychological review, 100,* 464–701.

Moffitt, T. E., Caspi, A., Harrington, H., & Milne, B. J. (2002). Males on the life-course-persistent and adolescence-limited antisocial pathways: follow-up at age 26 years. *Development and Psychopathology, 14,* 179–207.

Monahan, K. C., Steinberg, L., Cauffman, E., & Mulvey, E. P. (2013). Psychosocial (im)maturity from adolescence to early adulthood: distinguishing between adolescence-limited and persisting antisocial behavior. *Developmental Psychology, 25,* 1093–1105. ▶ https://doi.org/10.1017/S0954579413000394.

Prinzie, P. (2004). *Waarom doet mijn kind zo moeilijk. Moeilijk gedrag begrijpen, efficiënt straffen en belonen.* Tielt: Lannoo.

Sonderman, J., Krabbendam, A., & Weijers, I. (2015). Criminele meisjes. In I. Wijers & C. Eliaerts (Red.), *Jeugdcriminologie. Achtergronden van jeugdcriminaliteit.* Den Haag: Boom Lemma.

Steinberg, L., Cauffman, E., & Monahan, K. C. (2015). Psychosocial maturity and desistance from crime of serious juvenile offenders. *Juvenile Justice Bulletin, 3,* 2–12.

Weerman, F. (2017). *Van verkeerde vrienden tot foute vlogs: Jeugdcriminaliteit, leeftijdgenoten en groepsprocessen.* Oratie ter benoeming als Bijzonder hoogleraar Jeugdcriminologie. Rotterdam: Erasmus Universiteit Rotterdam.

Het begint in de buik ...

De impact van prenatale factoren op ontwikkeling van agressief gedrag

Samenvatting

Vrijwel alle peuters gaan door een periode waarbij ze snel en vaak ontploffen van boosheid. Gaandeweg krijgen ze meer controle over hun emoties en agressie. Toch zijn er verschillen in hoeverre kinderen hun agressieve gedragingen leren beteugelen. Welke voorwaarden tijdens de zwangerschap en vlak na de geboorte zorgen dat de ontwikkeling van agressief en antisociaal gedrag goed of juist ongunstig verloopt?

3.1 Agressieve baby's – 19

3.2 Normale ontwikkeling: boosheid de baas – 19

3.3 De kunst je te beheersen – 20

3.4 Agressiever door prenatale risico's – 20

3.5 Het babylijf en risicofactoren – 21

3.6 De impact van moeders gedachten – 22

3.7 Prenataal reflectievermogen en ouderschap – 23

3.8 Hulp tijdens de zwangerschap – 24

3.9 Hulp na de zwangerschap – 25

3.10 Interventies: specifiek of generiek – 26

Literatuur – 26

© Bohn Stafleu van Loghum is een imprint van Springer Media B.V., onderdeel van Springer Nature 2019
M. van Dorp, S. Aytemur en N. Swart, *Jeugdige delinquenten*, https://doi.org/10.1007/978-90-368-1440-9_3

De juridische praktijk: beter af bij moeder

Nick, een jochie van 12 uit Amsterdam, werd een aantal maanden geleden plotseling uit huis geplaatst. De kinderrechter vond dat zijn moeder Sandra niet goed genoeg voor hem zorgde. De buren hadden de Raad voor de Kinderbescherming gebeld, omdat het ze was opgevallen dat Sandra te veel alcohol dronk. Nick zagen ze vaak alleen bij het café aan de overkant zitten, terwijl zijn moeder thuis mannen ontving. Ze vermoedden dat zij zich prostitueerde. Sandra ontkende al deze beschuldigingen. Desondanks was een spoeduithuisplaatsing bij de kinderrechter niet te voorkomen.

Tijdens een nieuwe zitting zou het verzoek van de Raad voor de Kinderbescherming worden behandeld om de uithuisplaatsing met een jaar te verlengen. Sandra vroeg mij of ik Nick kon bijstaan op deze zitting. In een hartverscheurende brief aan de rechter had hij geschreven dat hij zijn moeder, zijn eigen kamer en zijn huisdieren miste.

Ik ontmoette Nick op de Amsterdamse crisislocatie waar hij was geplaatst. Nooit eerder had ik zo'n jonge cliënt gehad. In het echt zag hij er nog jonger uit dan zijn bijna 13 jaar: klein en mager en met een vaal gezicht, alsof hij ondervoed was. In ons eerste gesprek probeerde ik vooral Nicks vertrouwen te winnen. Ik vertelde dat ik *zijn* advocaat was, en niet die van zijn moeder, en dat ik alleen *zijn* belangen zou behartigen. We spraken over koetjes en kalfjes en ik mocht aan het eind van het gesprek zijn kamer zien. De locatie baarde mij zorgen. Hij had een kille kamer, de afdeling was allesbehalve gezellig en er zaten jongens en meisjes met allerlei problemen en van alle leeftijden. Het was, kortom, geen plek waar je langer dan een week zou moeten zitten, en Nick zat er al drie maanden.

Het klikte tussen ons, en al gauw begon hij mij WhatsApp-berichtjes te sturen over hoe het met hem ging. In de tussentijd kreeg hij een nieuwe locatie toegewezen, in een gezinshuis in Almere, een betere plek dan de tijdelijke crisislocatie. Dit betekende wel dat hij van school af moest in Amsterdam. Dat vond hij vreselijk. Hij zat al op zijn vierde basisschool en was daar eindelijk op zijn plek. Hij had een lieve juf, haalde goede cijfers en had leuke klasgenoten.

Een week voor de zitting belde de griffier mij om door te geven dat de kinderrechter Nick graag wilde horen. Of ik voor vervoer kon zorgen? Omdat Nick niet in een gesloten jeugdinrichting zat, werd de reis niet door de rechtbank zelf georganiseerd. Ook jeugdzorg wilde niemand regelen om heen en weer te rijden, omdat ze het niet noodzakelijk vonden dat Nick aanwezig zou zijn. Hij had tenslotte zijn kijk op de zaak al in de brief aan de kinderrechter gegeven. Ik was in dubio. Enerzijds vond ik het te ver gaan om zelf twee keer van Amsterdam naar Almere te rijden om hem te halen en terug te brengen. Dat was niet mijn taak en ik wilde niet aansprakelijk zijn als er iets zou misgaan. Anderzijds voelde ik mij verantwoordelijk voor Nicks belang. Alleen als Nick aanwezig zou zijn, kon de kinderrechter zien en horen wat zij wilde. Hoewel ik ook al geen kilometervergoeding kreeg van de Raad voor Rechtsbijstand, ben ik die dag toch maar twee keer op en neer naar Almere gereden. Nick en ik hebben ons best gedaan om de kinderrechter ervan te overtuigen dat hij beter af was bij zijn moeder. Niet alleen vanwege de vertrouwde omgeving, maar ook vanwege school. Het mocht helaas niet baten. De kinderrechter vond dat de moeder van Nick zich onvoldoende had ingespannen om Nick weer thuis te kunnen opnemen. Ze moest eerst aan haar eigen trauma's werken.

Nick woont inmiddels in het gezinshuis in Almere en zit daar nu ook op de basisschool, zijn vijfde op rij.

Semra Aytemur

3.1 Agressieve baby's

Spekkige beentjes, adorabele glimlachjes, gekir in de wandelwagen ... Van agressie is bij baby's geen sprake, nietwaar? Toch wel. Al vanaf zes maanden laten kinderen de eerste agressieve gedragingen zien. Ze hebben een boze bui, trekken aan haren, slaan. Zodra ze daar vanaf 1-jarige leeftijd toe in staat zijn, gaat het agressieve gedrag over in fysieke agressie als schoppen of speelgoed afpakken.

Bij de meeste kinderen bereikt dat antisociale gedrag een piek rond het tweede en derde levensjaar – niet voor niets heet het in de volksmond 'twee is nee' of de peuterpuberteit. Moeders observeren bij hun 2-jarige iedere zeven uur een woede-uitbarsting. Daarna neemt agressie in een gestaag dalende lijn af en signaleren moeders nog maar de helft van dat aantal uitbarstingen als het kind 4 jaar is. Tenminste, bij het merendeel van de kinderen (Alink et al. 2006).

Dat peuters hun emoties en gedrag nog niet goed kunnen reguleren, wordt normaal gevonden. Agressief gedrag begint pas op te vallen in de basisschoolleeftijd, als het gedrag het schoolse leren verstoort en het aangaan van vriendschappen bemoeilijkt. Meestal richt onderzoek zich dus op kinderen van deze leeftijd.

'Al wordt agressief gedrag bij 2-jarigen als vrij normaal beschouwd, een kleine groep kinderen laat op deze leeftijd al een opvallend hoge mate van agressie zien,' vertelt orthopedagoog Jill Suurland (Universiteit Leiden). Suurland promoveerde in 2017 op onderzoek naar prenatale risicofactoren en fysieke agressie. 'Deze kinderen lopen het risico dat hun agressieve gedrag persisteert van de basisschooltijd tot in de adolescentie. En dat het uitmondt in antisociaal en crimineel gedrag als volwassene.'

3.2 Normale ontwikkeling: boosheid de baas

Eerst een schets over hoe de ontwikkeling rond agressie en antisociaal gedrag gewoonlijk verloopt. De meeste kinderen leren in de loop der tijd hun agressieve gedrag meester te worden. Ze begrijpen hoe ze zich sociaal wenselijk moeten gedragen en vinden uit hoe ze voor elkaar krijgen waar ze hun zinnen op hebben gezet. Volgens de *social learning theory* (sociale leertheorie) uit de vorige eeuw van psycholoog Albert Bandura doen ze dat door gedrag te imiteren.

Het van de sociale leertheorie afgeleide '*coercion model*' van Gerald Patterson uit de jaren tachtig van de vorige eeuw stelt dat een kind dwingend gedrag zal blijven vertonen als ouders het gedrag bekrachtigen (Reid et al. 2002). Denk aan de 3-jarige die bij de kassa in de supermarkt op de grond ligt te schreeuwen en uiteindelijk de zak snoep krijgt waar hij op uit was – net als de vorige keer. Het patroon in de reacties van ouders en kinderen zorgt ervoor dat ze samen in een negatieve spiraal terechtkomen.

Een andere belangrijke oorzaak waardoor kinderen hun agressie kunnen beteugelen, ligt bij de ontwikkeling van het taalvermogen. Als kinderen niet duidelijk kunnen maken wat ze willen of voelen, raken ze gefrustreerd en reageren fysiek. Je ziet dat meisjes, die zich over het algemeen al eerder beter verbaal kunnen uiten dan jongens, minder fysiek agressief gedrag laten zien dan jongens (Prinzie 2004).

Dat ouders minder fysiek agressief gedrag signaleren bij meisjes, kan overigens ook cultureel bepaald zijn: ouders verwachten wellicht minder fysieke agressie van meisjes en duiden hun gedrag anders. Of meisjes begrijpen al op jonge leeftijd dat onze samenleving agressie van meisjes meer afkeurt dan van jongens. Verder zie je dat meisjes ánder agressief gedrag laten zien als ze de basisschoolleeftijd bereiken: waar jongens er nog op los meppen (fysieke agressie), gaan meisjes roddelen en pesten (verbale en vaak stiekeme agressie). En het is zichtbaarder wanneer een knul een ander kind schopt dan wanneer een meisje heimelijk iets gemeens in het oor van haar klasgenoot fluistert …

3.3 De kunst je te beheersen

Ook heeft de agressieafname vanaf het tweede jaar met het inhibitievermogen te maken. Deze cognitieve vaardigheid om zichzelf te beheersen ontwikkelt zich gaandeweg, waardoor het kind zijn emoties en gedrag kan reguleren (Raaijmakers et al. 2008). Dat idee lag ten grondslag aan Walter Mischels experiment met de marshmallow in de jaren zeventig van de vorige eeuw. Kinderen krijgen bij deze test de keuze om het lekkers direct op te eten, óf drie minuten te wachten en dan beloond worden met maar liefst twee marshmallows. Voor veel kleuters een ingewikkelde opdracht, omdat ze hun impulsen nog onvoldoende de baas zijn. En een met voorspellend vermogen: wie zich al jong goed kan beheersen, haalt als adolescent hogere cijfers op school, kan zich beter concentreren en onderhoudt zijn vriendschappen beter. De mate van inhibitie is, kortom, niet voor elk kind hetzelfde en dat heeft consequenties voor de langere termijn.

Overigens is de marshmallowtest zeer recent herhaald bij een grotere groep (Watts et al. 2018) en lijkt het effect van het inhibitievermogen op latere schoolprestaties wel aanwezig voor kinderen van lager opgeleide moeders, maar is het kleiner dan gedacht. De onderzoekers stellen op basis van hun bevindingen dat je een kind kunt leren om zijn impulsen uit te stellen, maar dat dit niet genoeg is voor betere schoolprestaties op langere termijn: intelligentie en gedrag hebben daar ook invloed op.

Verder ontwikkelt ook empathie en inlevingsvermogen zich vanaf 2- tot 3-jarige leeftijd. Volgens de *Theory of Mind* leert het kind eerst de eigen emoties en wensen herkennen en benoemen, en is het vervolgens in staat om die bij anderen te duiden en het perspectief van de ander te begrijpen. Het is het begin van sociaal wenselijk gedrag en daaropvolgend moreel besef. Ook deze ontwikkeling helpt kinderen zich bewust te worden van het effect van agressie en de wenselijkheid om hun agressie bij te stellen.

3.4 Agressiever door prenatale risico's

Een deel van de kinderen dat op de basisschoolleeftijd agressief gedrag laat zien, blijft echter antisociaal en agressief gedrag vertonen in de adolescentie en volwassenheid. Is agressie bij deze kinderen niet goed afgeleerd? Of was hun 'agressie-level' van begin af aan net wat te hoog afgesteld? Is dat een kwestie van pech en slechte genen of liggen er andere oorzaken aan ten grondslag?

Het is de Canadese onderzoeker Richard Tremblay die rond de eeuwwisseling ontdekt dat agressieve gedragingen al op veel jongere leeftijd bestaan dan pas vanaf de peuterpuberteit. In aanleg is agressief gedrag bij de meeste kinderen aanwezig, stelt hij, en al jong te detecteren. Tijdens onderzoek naar risicofactoren bij zwangere vrouwen en de mate van agressief gedrag bij baby's en peuters ontdekt hij drie groepen kinderen. De grootste groep, zo'n 60 %, laat gemiddelde agressie zien van baby tot kleuterleeftijd en de agressie neemt in die periode steeds toe. Iets meer dan een kwart van de kinderen laat weinig tot geen agressie zien in die tijdsperiode, en het weinige agressieve gedrag blijft de gehele periode ongeveer gelijk. Bij een kleinere, zorgelijke groep van 14 % signaleert hij veel fysieke agressie en een stijgende lijn in het fysiek agressieve gedrag in de periode dat hij ze onderzoekt: met vijf maanden, op 1,5-, 2,5- en 3,5-jarige leeftijd (Alink et al. 2006; Tremblay et al. 2004).

Deze hoog-agressieve kinderen verschillen eveneens van de twee andere groepen door de kenmerken van hun moeders. Ze hebben vaker een moeder die jong kinderen kreeg, een moeder die zelf al antisociaal gedrag vertoonde voordat ze de middelbare school verliet of een moeder die rookte tijdens en na de zwangerschap. Dat deze kenmerken voor kinderen op de basisschoolleeftijd een risico vormen voor de ontwikkeling van antisociaal gedrag, was al bekend. Bijzonder aan Tremblays onderzoek is dat hij laat zien hoe vroeg in de kindertijd deze negatieve factoren al voorspellend zijn voor later antisociaal en agressief gedrag. Hoopvol is dat deze risicofactoren al te meten zijn tijdens de zwangerschap (Tremblay et al. 2004).

Jill Suurland onderzocht of deze risicofactoren die prenataal en tijdens de babytijd een rol spelen, ook in Nederland opgaan. Ze deed promotieonderzoek in het kader van de *Mother Infant Neurodevelopment Study* (MINDS) van de Universiteit Leiden. Net als Tremblay zag Suurland dat baby's die tijdens de zwangerschap zijn blootgesteld aan risicofactoren, op latere leeftijd meer agressie laten zien dan hun leeftijdgenoten. Het ging hier om vergelijkbare prenatale risicofactoren, zoals een moeder die als tiener haar eerste kind krijgt, rookt tijdens (en na) de zwangerschap, psychische problemen als angst en depressie ervaart en in een slechte sociaaleconomische situatie verkeert.

3.5 Het babylijf en risicofactoren

Toch laten niet alle baby's meer agressie zien als er risicofactoren spelen bij de moeder. Het lijkt uit te maken hoe het lichaam van baby's reageert op stress. Zo bekeek Suurland de werking van het autonome zenuwstelsel van baby's van zes maanden en ontdekte dat dit bij sommige van hen verkeerd is afgesteld. 'Bij stress treedt normaalgesproken het sympathische zenuwstelsel in werking, dat zorgt voor een versnelde hartslag en ademhaling. Tegelijkertijd wordt het parasympathische zenuwstelsel, dat actief is tijdens rust, afgeremd. Dit maakt dat je goed kunt omgaan met stressvolle gebeurtenissen en je emoties kunt reguleren.'

'Bij sommige kinderen lijkt deze balans om onbekende redenen verstoord: beide systemen worden gelijktijdig actief of juist afgeremd. Wanneer er ook nog prenatale risicofactoren meespelen, is de kans groter dat deze kinderen bij metingen op 1,5- en 2-jarige leeftijd meer agressie laten zien,' vertelt Suurland. 'De invloed van ongunstige prenatale omstandigheden op de ontwikkeling van agressief gedrag hangt dus ook af van hoe het zenuwstelsel van het kind werkt.'

Naast hoe baby's reageren op stress, is het ook interessant om te kijken hoe ze herstellen van stress. Zo blijkt er een verband te zijn tussen blootstelling aan prenatale risicofactoren en de werking van het autonome zenuwstelsel bij baby's. Baby's die te maken hadden met ongunstige prenatale omstandigheden herstellen minder goed van stress dan baby's bij wie dat niet het geval was (Suurland 2017). Of die ongunstige prenatale risicofactoren een onevenwichtig zenuwstelsel veroorzaken, is niet duidelijk volgens Suurland. 'Daarvoor is meer onderzoek nodig.'

De onderzoeker denkt dat de fysiologische kenmerken van het kind te beïnvloeden zijn. 'In de eerste twee belangrijke jaren van zijn leven is het regulatiesysteem nog volop in ontwikkeling. Sensitief ouderschap – als ouder veiligheid, warmte en voorspelbaarheid bieden – hangt samen met de ontwikkeling van het autonoom zenuwstelsel. Dus mogelijk is het systeem bij te sturen als je ouders helpt hoe ze hun kroost opvoeden. Uit Amerikaans onderzoek blijkt ook dat sensitief ouderschap leidt tot minder probleemgedrag bij driejarigen. Ik pleit dus voor preventieve ondersteuning voor risicomoeders tijdens de zwangerschap én daarna. Zeker omdat agressief gedrag bij oudere kinderen en adolescenten veel moeilijker te veranderen is.'

3.6 De impact van moeders gedachten

De risico's op verhoogde agressie zijn niet alleen bij het kind of het opvoed*gedrag* van de moeder te vinden. Ook hoe een aanstaande moeder tijdens de zwangerschap *denkt* over opvoeden en de baby lijken al van invloed te zijn. Zo ontdekte neuropsycholoog Hanneke Smaling (Universiteit Leiden) dat het reflectievermogen van zwangere vrouwen verband houdt met latere agressieproblemen van kinderen. Het gaat dan om reflectie op wat voor behoeften het (aanstaande) kind heeft, hoe de moeder zich daarbij voelt en hoe ze denkt in die behoeften te kunnen voorzien. Ook hier vormen de omstandigheden van de moeder een extra risico. Zwangere vrouwen met een laag opleidingsniveau, beperkt sociaal netwerk en die roken, alcohol of drugs gebruiken, kunnen namelijk minder goed reflecteren. Smaling: 'Een zwangere vrouw zei bijvoorbeeld tegen mij: "Die baby schopt me expres tegen mijn ribben." Schrijnend.'

Hoe meer risicofactoren aanwezig zijn, hoe minder goed zwangere vrouwen kunnen reflecteren. En hoe minder goed de moeder tijdens de zwangerschap reflecteert, hoe meer fysieke agressie hun kinderen op de leeftijd van zes, twaalf en twintig maanden laten zien (Smaling 2017). 'Het is opvallend dat *prenataal* reflectievermogen van de moeder nog invloed heeft bij een kind van bijna 2 jaar. Als verloskundigen en het consultatiebureau signalen van beperkt reflectievermogen oppikken, kunnen zij moeders begeleiden of hen verwijzen naar programma's om beter te leren kijken naar hun kind en te begrijpen waarom een kind soms dreint of kwaad wordt. Want uit ander onderzoek, bij oudere kinderen, blijkt dat als de moeder als zwangere goed kan reflecteren, kinderen dat later ook kunnen. Deze kinderen laten ook minder agressief gedrag zien.'

Smaling: 'Het kan zijn dat het kind beter reflecteert omdat het dat heeft geleerd en daarom zijn gedrag beter reguleert. Maar het kan ook dat het kind zijn gedrag beter kan reguleren en daardoor beter kan reflecteren. Hoe dan ook is prenatale reflectie van de moeder van invloed op latere fysieke agressie van het kind.'

3.7 Prenataal reflectievermogen en ouderschap

Overigens is alleen goed kunnen reflecteren tijdens de zwangerschap niet voldoende als bescherming tegen de ontwikkeling van agressie. 'Als moeders prenataal wel goed kunnen reflecteren, maar hun kinderen later tijdens spel ruw (intrusief) behandelen, laten baby's en dreumesen toch meer fysieke agressie zien,' vertelt neuropsycholoog Smaling. 'Voor de geboorte op een goede manier kunnen nadenken over de behoeften van het (aanstaande) kind, vormt dus een beperkte buffer voor problemen als dat niet overeenkomt met hoe de moeder later omgaat met haar kind.' Dat betekent dat opvoedhulp ook nog nuttig is als het kind geboren is, zelfs al lijkt het met het reflectievermogen van de moeder aanvankelijk wel snor te zitten.

Smaling ontdekte nog iets verrassends rond reflectievermogen in samenhang met sensitief ouderschap. Sensitief ouderschap wil zeggen dat een ouder begrijpt wanneer een kind iets wil en dat het boos reageert uit frustratie. Een ouder weet daarop goed in te spelen en wordt bijvoorbeeld niet zelf kwaad op het opstandige kind. Moeders die slecht konden reflecteren en niet sensitief waren als ouder, rapporteerden *geen* toename van fysieke agressie bij hun 1-jarige vergeleken bij toen het een half jaar oud was. Terwijl meer of vaker agressief gedrag vertonen binnen een normale ontwikkeling wel te verwachten is. 'Dat betekent niet dat er in werkelijkheid geen agressietoename was,' stelt Smaling dan ook. 'Plausibeler is dat deze moeders geen inzicht hebben in het gedrag. Ze kunnen het gedrag van hun kind onvoldoende beoordelen. Ook hier kun je dus winst halen met een interventie die moeders helpt de behoeften van hun kind te leren kennen en daar sensitief op te reageren.'

Als ouders op een consultatiebureau aangeven dat er geen problemen zijn, wil het dus niet zeggen dat er werkelijk geen opvoedproblematiek speelt. Preventief het reflectievermogen bevorderen bij zwangere hoogrisicovrouwen noemt Smaling vooral kansrijk omdat aan andere risicofactoren vaak minder goed iets gedaan kan worden, zoals opgroeien in armoede. 'Gemeenten moeten zich realiseren dat vroegtijdig hulp bieden in eerste instantie soms niet zo hard nodig lijkt, maar dat je het effect van preventieve interventies op lange termijn terugziet.'

3.8 Hulp tijdens de zwangerschap

De interdisciplinaire onderzoeken van Suurland en Smaling helpen inzicht krijgen in hoe fysiologische factoren (het autonoom zenuwstelsel) samenhangen met ouderlijke competenties en opvattingen over opvoeding en het (aanstaande) kind. Zo wordt duidelijk dat zowel moeder als kind elkaars kenmerken kunnen versterken, zoals agressieproblemen, en dat dit proces al aanvangt vóór de geboorte. Juist dat maakt de impact van interventieprogramma's die tijdens de zwangerschap starten veelbelovend.

In Leiden wordt daarom de Nederlandse variant ontwikkeld en onderzocht van *Minding the Baby*, het coachingsprogramma Een Goed Begin, voor zwangere vrouwen bij wie veel risicofactoren spelen. Tegelijkertijd vindt onderzoek plaats naar de neurobiologische en neurocognitieve voorspellers van vroege gedragsproblemen en het effect van het coachingsprogramma, dat zich richt op het verbeteren van het reflectievermogen van deze (aanstaande) hoogrisicomoeders.

Ook het programma VoorZorg is bedoeld om gedrags- en ontwikkelingsproblemen bij kinderen voor te zijn. De interventie richt zich op (aanstaande) moeders die te maken hadden met huiselijk geweld en middelenmisbruik, en die beschikken over beperkte pedagogische vaardigheden.

Nicole Poirot werkt al elf jaar als VoorZorg-verpleegkundige in Amsterdam en is VoorZorg-trainer bij het Nederlands Centrum Jeugdgezondheid (NCJ). De preventieve interventie VoorZorg richt zich op (aanstaande) risicomoeders om latere problemen bij kinderen te voorkomen. Het bestaat uit gemiddeld tweewekelijkse huisbezoeken van één à anderhalf uur, die zo vroeg mogelijk in de zwangerschap beginnen en doorgaan tot het kind 2 jaar oud is. Aan bod komen onder meer hechting, financiën, communicatie, netwerk opbouwen en gezondheid.

Poirot: 'We zetten sterk in op de hechting, al tijdens de zwangerschap. Zo filmen we bijvoorbeeld de buik van de aanstaande moeder of hoe ze haar huis babyklaar heeft gemaakt. En we praten over haar eigen jeugd. Wat wil ze als ze straks moeder is anders of net zo aanpakken? Zo gaat de relatie tussen haar en het ongeboren kind al een beetje leven.'

'Als de baby er is, filmen we haar als ze het kind in bad doet, voedt en met hem of haar speelt. Die beelden kijken we terug met de vraag: "Wat laat je kind jou zien?" Dat helpt haar reflecteren op het effect van haar gedrag en bevordert wederom de hechting,' zegt Poirot.

Dat is nodig, want voor veel moeders bij VoorZorg komt de zwangerschap ongepland en soms zelfs ongewenst na misbruik of verkrachting. Poirot: 'Door hun lage opleidingsniveau vinden deze moeders het vaak lastig zich in het mensje in wording te verplaatsen of ze zijn druk met hun eigen problemen of verleden.'

In de praktijk wordt er weleens van het programma afgeweken. 'De Voorzorg-verpleegkundige kijkt wat er op dat moment nodig is. Als een zwangere net een betalingsaanmaning heeft gekregen, staat ze niet open voor een gesprek over de baby,' legt Poirot uit. 'Je moet het hebben over wat er op dat ogenblik leeft. Heb je daaraan aandacht besteed, dan is er weer ruimte voor andere onderwerpen.'

'Het is een vrijwillig programma,' zegt Elle Struijf, beleidsadviseur VoorZorg bij de GGD Hollands-Noord en tevens voorzorgbegeleider bij het Nederlands Centrum Jeugdgezondheid (NCJ). 'Daarom is het zo bijzonder hoe gemotiveerd de vrouwen zijn om het voor hun kind beter te doen. Vaak wordt een zwangere op het programma geattendeerd door een vriendin, de verloskundige of huisarts. Soms meldt een zwangere zichzelf aan. Alleen wanneer sprake is van te zwaar middelenmisbruik, ernstige psychiatrische problematiek, een te zware verstandelijke beperking of als een vrouw geen Nederlands spreekt, is (eerst) andere hulp passender.'

Het oorspronkelijk Amerikaanse VoorZorg, *Nurse Family Partnership*, is ruim drie decennia onderzocht in Amerika. Er blijkt minder sprake van kindermishandeling (bij 1 op de 10 kinderen van hoogrisicomoeders in plaats van bij 2 op de 10), moeders roken minder tijdens en na de zwangerschap – zoals eerder beschreven ook een risicofactor voor agressie bij kinderen op latere leeftijd – en ze geven vaker borstvoeding. De Nederlandse variant van VoorZorg is de afgelopen vijftien jaar hier onderzocht en staat als effectief te boek in de databank Effectieve Interventies van het Nederlands Jeugdinstituut (NJi). Deze databank geeft in verschillende gradaties aan of een methodiek werkt of zou kunnen werken. De gradaties verlopen van theoretisch gezien potentieel werkzaam tot bewezen effectief.

3.9 Hulp na de zwangerschap

Toch geeft Elle Struijf aan dat bij de meeste moeders en kinderen na VoorZorg vaak nog andere hulp nodig is. 'Ons streven is om meer of andere hulp niet na, maar al tijdens VoorZorg in te zetten. We willen de moeders leren dat het vanzelfsprekend is om hulp te vragen. Doordat de moeders vertrouwen hebben gekregen in de VoorZorg-verpleegkundige, staan ze meer open voor andere hulpverleners.'

Poirot vult aan: 'Veel moeders hebben moeite met het onderhouden van relaties en met vertrouwen in andere mensen en hulpverlening. Doordat wij de tijd nemen, meebewegen, zoeken naar waar bepaalde reacties vandaan komen en zo lang bij het gezin betrokken blijven, bouwen we een relatie op die het mogelijk maakt om de vrouwen te motiveren tot gedragsverandering.' Dat maakt ook dat vrouwen het soms moeilijk vinden om de VoorZorg-periode af te ronden. 'Dat merk je doordat ze een maand van tevoren opeens niets meer van zich laten horen en telefonisch onbereikbaar blijven. Toch houden we dan vol. Ook afscheid nemen moet je leren.'

Het beëindigen van VoorZorg gebeurt met de uitreiking van een oorkonde. Poirot: 'Veel vrouwen hebben nog nooit iets afgemaakt. Ze hebben soms zelfs niet eens een zwemdiploma. Daarom maken we van dat moment altijd een feestje.'

3.10 Interventies: specifiek of generiek

Interventies op jonge leeftijd om agressie en andere problemen te voorkomen, lijken gunstiger effecten te hebben dan algemene preventieprogramma's. Met name specifieke preventieprogramma's voor zowel het gezin als het kind zijn waardevol. Specifieke interventies op jonge leeftijd hebben ook een gunstiger effect dan specifieke programma's bij oudere kinderen, stellen Maja Dekoviç en collega's na een meta-analyse en review (2005). Dat pleit voor programma's als VoorZorg en het te ontwikkelen Een Goed Begin.

Helaas is er niet veel langlopend onderzoek naar vroege interventieprogramma's en hun effect op de afname van criminaliteit. Dekoviç en collega's vergeleken onderzoeken naar preventieprogramma's voor kinderen vanaf 3 jaar en het effect op antisociaal gedrag op lange termijn. Slechts een paar programma's laten zien dat de effecten op crimineel gedrag in de volwassenheid doorwerken.

Behalve inzetten op specifieke preventieprogramma's adviseert Dekoviç dan ook om het niet bij één interventie te laten. De impact van een interventie vervaagt namelijk in de loop der tijd. Bij periodes intensieve interventies herhalen lijkt kansrijker. Dat betekent met andere woorden: houd moeder en kind in beeld na het afronden van hulp. Ook wanneer de risico's afgenomen lijken te zijn.

Literatuur

Alink, L. R., Mesman, J., Zeijl, J. van, Stolk, M. N., Juffer, F., Koot, H. M., et al. (2006). The early childhood aggression curve: Development of physical aggression in 10- to 50-month-old children. *Child Development, 77*, 954–966. ▶ https://doi.org/10.1111/j.1467-8624.2006.00912.x.

Dekoviç, M., Asscher, J. J., Slagt, M. I. & Boendermaker, L. (2005). Preventieprogramma's voor kinderen en hun effect op crimineel gedrag van volwassenen (2005). In R. Loeber, M. Hoeve, W. Slot & P. van der Laan, (Red.), *Jonge criminelen die volwassen worden*. Amsterdam: SWP.

Lange, M. de, Matthys, W., Foolen, N., Addink, A., Oudhof, M., & Vermeij, K. (2015). *Richtlijn ernstige gedragsproblemen voor jeugdhulp en jeugdbescherming*. Utrecht: NJi.

Prinzie, P. (2004). *Waarom doet mijn kind zo moeilijk. Moeilijk gedrag begrijpen efficiënt straffen en belonen*. Tielt: Lannoo.

Raaijmakers, M. A. J., Smidts, D. P, Sergeant, J. A., Maassen, G. H., Posthumus, J. A., Engeland, H. van, et al. (2008). Executive functions in preschool children with aggressive behavior: Impairments in inhibitory control. *Journal of Abnormal Child Psychology, 36*, 1097–1107. ▶ https://doi.org/10.1007/s10802-008-9235-7.

Reid, J. B., Patterson, G. R., & Snyder, J. (2002). *Antisocial behavior in children and adolescents. A developmental analysis and model for intervention*. Washington: American Psychological Association.

Smaling, H. J. A. (2017). Maternal reflective functioning: Influence on parenting practices and the early development of externalizing behavior. Proefschrift, Leiden: Universiteit Leiden. ▶ http://hdl.handle.net/1887/46723.

Suurland, J. (2017). *Aggressive behavior in early childhood. The role of prenatal risk and self-regulation*. Proefschrift. Leiden: Universiteit Leiden. ▶ http://hdl.handle.net/1887/51343.

Tremblay, R. E., Nagin, D. S., Séguin, J. R., Zoccolillo, M., Zelazo, P. D., Boivin, M., et al. (2004). Physical aggression during early childhood: Trajectories and predictors. *Pediatrics, 114*, 043–e53. ▶ https://doi.org/10.1542/peds.114.1.e43.

Watts, T. W., Duncan, G. J., & Quan, H. (2018). Revisiting the marshmallow test: A conceptual replication investigating links between early delay of gratification and later outcomes. *Psychological Science*. Advance online publication. ▶ https://doi.org/10.1177/0956797618761661.

Het is de schuld van hun ouders

Hoe opvoeding samenhangt met delinquentie

Samenvatting

Als die ouders hun kind beter hadden opgevoed, was het nooit zo uit de hand gelopen. Wie heeft zich nooit op zo'n gedachte betrapt? Inderdaad heeft de directe omgeving veel invloed op het ontwikkelen van probleemgedag. Maar wat binnen de ouder-kindrelatie helpt jongeren weg te blijven bij delinquent gedrag? Ligt dat aan hoe ouders reageren op vervelend gedrag van kinderen? Aan hoe een jongere reageert op de opvoedpogingen van zijn ouders?

4.1 Directe en indirecte invloed van ouders – 29

4.2 Soorten opvoeding – 30

4.3 Niet zo'n beste opvoeding – 30

4.4 Hoe kinderen hun opvoeding beïnvloeden – 31

4.5 Opvoeding van vader of moeder – 32

4.6 Heropvoed ouders en verminder delinquentie – 33

4.7 Familie-interventies in de praktijk – 34

Literatuur – 34

© Bohn Stafleu van Loghum is een imprint van Springer Media B.V., onderdeel van Springer Nature 2019
M. van Dorp, S. Aytemur en N. Swart, *Jeugdige delinquenten*, https://doi.org/10.1007/978-90-368-1440-9_4

De juridische praktijk: kankerlijer(s)

'Kun je de vader van Randy nu bellen?' vraagt Randy's moeder, 'want hij is heel erg boos op Randy en hij heeft zelfs de politie gebeld.'

Randy is net 18 geworden, maar vanwege zijn lage IQ is het jeugdstrafrecht nog steeds op hem van toepassing. Randy is al langer mijn cliënt en ik ken zijn gebruiksaanwijzing. Hij is een rustige jongen die weinig emoties toont. Een jongen die ik niet te hard moet aanpakken, want zo'n aanpak krijgt hij thuis al. Zijn ouders zijn gescheiden en Randy en zijn broertje wonen voornamelijk bij hun – veel te strenge – vader. Vader, ook niet bijster intelligent, is vaak agressief en soms zelfs gewelddadig. Randy, die het minst geliefd is van de twee kinderen, moet het dan vaak ontgelden. Daarnaast zijn vader en moeder in een voortdurende strijd verwikkeld, waardoor het ook om die reden nooit gezellig is thuis. Als het weer eens misgaat thuis, slaapt Randy bij zijn moeder, tante of oma. Hij heeft op allerlei plekken slaapspullen liggen.

Dit keer is Randy's vader boos, omdat Randy hem niet op tijd heeft verteld naar wie hij volgende week toe gaat. Uit woede heeft hij Randy geslagen en hem weggestuurd. Maar Randy weigerde te vertrekken. Daarop belde zijn vader de politie.

Ik bel Randy's vader en probeer hem tot bedaren te brengen. Al snel hangt hij op. Later belt Randy's moeder mij weer. Randy is net door de politie aangehouden wegens belediging van twee agenten.

Van Randy hoor ik later wat er is gebeurd. Hij moest van de politie zijn spullen inpakken en het huis verlaten. Omdat hij hiervan baalde, had hij geen haast gemaakt. De agenten ergerden zich aan Randy en zetten hem onder druk om direct te vertrekken. Volgens Randy hadden de agenten zelfs zijn rugtas van de trap gegooid. Toen hij uiteindelijk met tegenzin vertrok, draaide hij zich om en schold hij zijn vader, die in de deuropening achter de politieagenten stond, uit voor kankerlijer. De agenten dachten dat het voor hen was bedoeld, hielden Randy aan en namen hem mee naar het politiebureau.

Een half jaar later vindt de zitting van deze beledigingszaak plaats. Ik ontvang het dossier en lees de rapportages van de agenten. Volgens hen had Randy kankerlijers gezegd en geen kankerlijer: meervoud dus in plaats van enkelvoud. Daarnaast meldden de agenten dat Randy hen had aangekeken terwijl hij hen beledigde. Hij moest zich daarom wel tot hen hebben gericht.

Tijdens de zitting voer ik een vrijspraakverweer. Er kan niet worden bewezen dat Randy de agenten opzettelijk heeft beledigd. Het is logischer dat Randy zijn vader heeft beledigd; zijn frustratie was tenslotte op zijn vader gericht. Tevens voer ik aan dat Randy geen straf of maatregel mag worden opgelegd. Gelet op de omstandigheden was zijn frustratie begrijpelijk en heeft strafvervolging geen enkele toegevoegde waarde. De rechter is het deels met mijn verdediging eens. Hij begrijpt dat Randy gefrustreerd was en vindt dat de politie niet juist heeft gehandeld. De agenten hadden een gesprek met Randy moeten aangaan in plaats van hem direct in de boeien te slaan. Desondanks oordeelt de rechter dat Randy schuldig is aan de belediging, omdat hij had kunnen beseffen dat de agenten zich beledigd konden voelen toen hij kankerlijer(s) in hun richting riep. De rechter legt hem een voorwaardelijke geldboete op van 350 euro. Dat houdt in dat hij dit bedrag alleen hoeft te betalen als hij in de komende twee jaar nogmaals een strafbaar feit pleegt.

Ik baal dat er geen vrijspraak uit is gerold, maar Randy is blij met de uitspraak. Hij hoeft nu nog niet in de buidel te tasten. Schelden terwijl een agent in de buurt staat, zal hij niet zo snel meer doen. Inmiddels woont Randy weer bij zijn vader, maar hij is naarstig op zoek naar een zelfstandige woning.

Semra Aytemur

4.1 Directe en indirecte invloed van ouders

Thuissituaties van kinderen en jongeren kunnen erg verschillen. De een krijgt om half zeven een WhatsAppje van zijn vader: 'Het wordt weer overwerken, laat lekker sushi thuisbezorgen voor jezelf!' De ander racet met bonzend hart naar huis: zou zijn vader weer hebben gedronken en ligt zijn kleine zusje met de dekens over het hoofd getrokken in haar bed? Bij de volgende staat na school de thee klaar en popelt zijn moeder om zijn verhalen te horen.

Hoe ouders en kinderen met elkaar omgaan, beïnvloedt de ontwikkeling van een kind. Verschillende factoren zijn weer van invloed op die ouder-kindrelatie. Drie factoren hebben *indirecte* invloed op die relatie: de globale, contextuele en distale kenmerken, die hieronder worden uitgelegd. De vierde factor beïnvloedt de directe relatie tussen ouder en kind, de proximale factor genoemd. Dit hoofdstuk zoomt met name in op de proximale kenmerken, maar eerst volgt korte uitleg over de indirecte factoren.

De globale kenmerken van een gezin, zoals de sociaaleconomische situatie, hebben invloed op ouders en zodoende weer op het kind. Een ouder die onder de stress van geldzorgen leeft, reageert waarschijnlijk minder empathisch op zijn kind. Zo werkt bijvoorbeeld armoede indirect door in de relatie tussen ouder en kind.

Verder is de kwaliteit van de relatie *tussen* de ouders indirect van invloed op de ouder-kindrelatie (de contextuele factor). Het maakt nogal verschil voor een kind of zijn ouders geregeld verbale of fysieke strijd leveren of juist openlijk vaak met elkaar knuffelen en praten over hun gevoelens. Ouders geven het voorbeeld hoe je met elkaar omgaat en een kind voelt zich veiliger als het gezellig is thuis.

Vervolgens spelen persoonlijkheidskenmerken van ouders zelf een rol, zoals het karakter van de ouder. Zijn ze (over)bezorgd of positief ingesteld? Spelen psychische problemen of verslavingsproblemen van ouders mee? Hebben ze voldoende (vertrouwen in) hun (opvoed)capaciteiten? Dergelijke persoonlijkheidskenmerken worden distale kenmerken genoemd. Ten slotte zijn er de proximale factoren: de directe interactie tussen ouder en kind en de kwaliteit van de ouder-kindrelatie. Dat is het onderdeel waarop dit hoofdstuk inzoomt.

Duidelijk is dat de globale, contextuele en distale factoren invloed uitoefenen op de proximale factoren en zodoende de kans op het ontwikkelen van delinquent gedrag kunnen vergroten of verkleinen. Denk aan een jongere die getuige is van forse ruzies tussen zijn ouders over geld en zijn frustraties daarover buitenshuis afreageert op een bushokje, waarna 'oom agent' thuis langskomt. De ouders worden vervolgens boos op de jongere, die zich onbegrepen voelt en het huis weer ontvlucht. De relatie tussen ouders en kind verslechtert zo nog meer.

Je kunt je verder voorstellen dat de relatie tussen de ouders en hun kind nog minder kans op verbetering heeft als de moeder van deze jongere bijvoorbeeld een depressie heeft en vader een drankprobleem. Moeder kan door haar psychische problemen minder goed intunen op het kind; vader neemt misschien een slok extra om de gezinsproblemen te ontvluchten of hij reageert door zijn drankprobleem weinig adequaat op het delinquente gedrag van zijn zoon. Woont dit gezin ook nog eens in een achterstandsbuurt, dan zijn de vooruitzichten voor een jongere om zich op een normale manier te ontwikkelen nog slechter geworden. Dat is heel anders dan wanneer dit gezin 'alleen maar' geldzorgen zou hebben en/of als de ouders daar creatieve oplossingen voor verzinnen en toch optimistisch zijn over de toekomst. De indirecte en directe kenmerken werken dus op elkaar in en kunnen daardoor problemen versterken of afzwakken.

4.2 Soorten opvoeding

Hoe ouders hun kinderen opvoeden en wat dat voor effect heeft, is op verschillende manieren onderzocht. Zo kijken onderzoekers onder meer naar de mate waarin ouders steun bieden en/of controle uitoefenen. Steun wil zeggen dat ouders responsief, sensitief, affectief en warm naar hun kind reageren. Hoe meer ouderlijke steun, hoe minder probleemgedrag kinderen vertonen. Door steun ontwikkelt een kind goede sociale vaardigheden en een positief zelfbeeld. Andersom reageren jongeren die weinig steun ontvangen, minder empathisch en houden minder rekening met anderen. Ze verwachten ook vaker dat zij niet echt iets aan sociale contacten met anderen hebben.

Naast steun van de ouders speelt ook mee of een kind wordt bijgestuurd. Er zijn ouders die weinig of juist strikte regels hanteren, die laks zijn of juist veel beperkingen opleggen aan het kind. En het maakt verschil hoe de ouderlijke controle op gedrag plaatsvindt. Sommige ouders leggen regels uit en sturen kinderen op een positieve, coachende manier bij. Anderen delen vooral straf uit.

Onderzoekers maken daarnaast onderscheid tussen autoritair opvoeden, waarbij ouders gedrag afdwingen, en autoritatief opvoeden, waarbij ouders veel uitleggen en de eigen verantwoordelijkheid van kinderen stimuleren. Andere onderzoekers richten zich meer op manieren van controle, zoals controleren van gedrag of psychologische controle. Bij de eerste variant proberen ouders op een pedagogische manier te monitoren waar hun kind mee bezig is en het regels op te leggen. Bij de tweede variant geven ouders hun kind bijvoorbeeld een schuldgevoel als het iets verkeerd heeft gedaan. Bij psychologische controle zie je vaker dat jongeren internaliserende problemen ontwikkelen, zoals angstige of depressieve gevoelens. Maar ook controleren op gedrag kan verkeerd uitpakken als dat te streng gebeurt. Strenge controle op gedrag hangt dikwijls samen met externaliserende problemen, zoals fysieke of verbale agressie.

Ook komt in wetenschappelijk onderzoek de term opvoedstijlen voor, met varianten in veel of weinig steun en controle. Zo is er de autoritatieve stijl met veel steun en controle, de autoritaire met weinig steun en veel controle, de permissieve waarin veel steun is maar weinig controle en de verwaarlozende stijl met weinig controle en weinig steun. Bij de autoritatieve stijl waar zowel steun als controle een plek heeft, komt een kind het best uit de verf.

4.3 Niet zo'n beste opvoeding

Dat onderzoekers onder opvoeding telkens net iets anders verstaan, maakt het lastig om onderzoek te vergelijken en conclusies te trekken over wat de beste opvoedmanier is om crimineel gedrag bij kinderen te voorkomen. Verder kun je in het algemeen niet aantonen dat opvoeding a *leidt* tot gedrag b, omdat zoveel andere zaken ook van invloed zijn op de ontwikkeling van een kind. Denk aan die goede leraar, een fijne vriendin, een buurt met weinig verlokkingen of aan hoe het kind zelf in elkaar zit.

Toch kun je de algemene conclusie trekken dat ouderschap en delinquentie met elkaar te maken hebben, blijkt uit verschillende onderzoeken. Zo concluderen Machteld Hoeve en collega's in een meta-analyse (een onderzoek naar 161 onderzoeken over delinquentie) in 2009 dat vooral een afwijzende houding van ouders, psychologische controle en weinig betrokkenheid of steun delinquentie voorspellen. Als ouders niet weten waar hun kind vertoeft en daarvoor geen moeite doen (de verwaarlozende stijl), hangt dat sterk samen met delinquentie. Te weinig duidelijke regels en te weinig consistente controle zijn gerelateerd aan antisociaal gedrag (Dekoviç 1999).

Hoe komt het precies dat ouders zo belangrijk zijn? Door duidelijke grenzen aan te geven, groeit een kind op in een voorspelbare omgeving en ontwikkelt het sociale en cognitieve vaardigheden die het ook in contact met anderen (bijvoorbeeld bij conflicten) kan toepassen. Verder leren kinderen als ze gesteund worden, zelf verantwoordelijkheid nemen. En doordat ze zich begrepen voelen, luisteren kinderen eerder naar ouders en zoeken bijvoorbeeld geen slechte buurten of verkeerde vrienden op.

Te autoritaire, restrictieve controle van ouders en veelvuldig straffen hangen samen met probleemgedrag. Kinderen gehoorzamen dan om straf te vermijden, niet omdat zij de normen en waarden begrijpen en overnemen. Ook leren ze niet zelf om hun impulsen te onderdrukken – een buitenstaander, de ouder, grijpt immers altijd hard in. Ze vertellen verder minder aan hun ouders als deze voornamelijk autoritair optreden, waardoor ouders weer minder gemakkelijk het gedrag van hun kind kunnen bijsturen.

4.4 Hoe kinderen hun opvoeding beïnvloeden

Zelfs in de puberteit, als jongeren meer tijd doorbrengen met vrienden en rondhangen in de buurt, is de invloed van ouders nog steeds van belang op de ontwikkeling van delinquentie, stelt socioloog Heleen Janssen vast in haar promotieonderzoek (2016). Of een ouder dan nog weet waarmee zijn puber bezig is, hangt af van hoe open de jongere daarover praat. Want een kind ondergaat niet alleen de opvoeding, het reageert zelf ook op hoe ouders met hem omgaan. Wat weer een reactie ontlokt aan de ouders. En zo verder.

Waar ligt het aan of een jongere vertelt over zijn bezigheden: aan hoeveel een ouder naar het leven van de jongere vraagt of aan hoeveel de jongere uit zichzelf vertelt? Duidelijk is namelijk dat jongeren die hun bezigheden en gevoelens aan hun ouders 'onthullen' (*disclosure*, in wetenschappelijke termen) in verband worden gebracht met minder delinquentie. Wie die onthulling teweegbracht, was niet helder. Tot Loes Keijsers in longitudinaal onderzoek (2010) ontdekte dat als ouders veel vragen stellen aan hun kind, dat niet voorspelt of een kind minder delinquent wordt. Maar vertellen jongeren op *eigen* initiatief veel over zichzelf, dan plegen ze een jaar later wel minder vaak overtredingen als diefstalletjes, vandalisme of middelenmisbruik.

Ouders reageren ook weer op de 'zelfonthulling' van jongeren door vragen te stellen. Maar laat een jongere delinquent gedrag zien, dan vertelt hij een jaar later ook minder over zichzelf. Misschien raken ouders teleurgesteld als jongeren betrokken raken bij criminele activiteiten en besteden ze daardoor minder aandacht aan hen. Of zwijgt een jongere liever, omdat zijn ouders zijn gedrag ongetwijfeld afkeuren.

Keijsers vond bovendien dat als een jongere een klein beetje minder over zichzelf vertelt, dat samengaat met een lichte toename van delinquent gedrag. Ouders en jongeren komen dus in een vicieuze cirkel terecht. Niet voor niets stellen Machteld Hoeve en collega's in de eerdergenoemde meta-analyse (2009) dat er aandacht moet zijn voor het stimuleren van openheid door kinderen naar hun ouders. Investeren in de kwaliteit van de ouder-kindrelatie lijkt voor die openheid een voorwaarde.

Hoe het kind op de opvoeding van zijn ouders reageert, ligt natuurlijk ook aan het karakter van het kind. Een kind met een flink temperament roept vaak hardere aanpak van ouders op. Zo vond Peter Prinzie (2003) dat Vlaamse kinderen die heel gemakkelijk in de omgang zijn, nauwelijks reageren met antisociaal gedrag als hun ouders overdreven boos reageren op hun gedrag. Kinderen met een koppiger karakter daarentegen, laten antisocialer gedrag zien als hun ouders in de opvoeding heftig reageren, bijvoorbeeld door te schreeuwen of dreigen. Groeien dezelfde koppige kinderen op met ouders die minder overreactief zijn, dan laten deze kinderen ook minder antisociaal gedrag zien. Het lastige is, schrijft Prinzie, 'dat kinderen van licht ontvlambare ouders zelf ook vaak nogal heetgebakerd zijn.' Ook heeft bijvoorbeeld de mate van impulsiviteit zijn weerslag op hoe een kind iets beleeft en er dus op reageert. Daarnaast roept de persoonlijkheid van een kind – een olijk grietje of een stuurse knul – een bepaalde reactie uit de omgeving op.

4.5 Opvoeding van vader of moeder

Mogelijk maakt ook het geslacht van de ouder verschil voor de opvoeding en de invloed daarvan op antisociaal en delinquent gedrag. Zo bieden moeders hun dochters vaak meer steun dan hun zonen. Veel studies tonen aan dat jongeren die veel steun van ouders ervaren, minder geneigd zijn tot delinquent of antisociaal gedrag (Hoeve et al. 2009). In meta-analyses komt naar voren dat de mate van steun van de vader meer invloed heeft op het ontwikkelen van delinquent gedrag dan de mate van steun van de moeder. Hoe meer steun van vader, hoe minder delinquentie.

Helaas worden in onderzoek naar opvoeding vaak moeders onderzocht – vaders zijn lastig tot deelname te bewegen. Omdat kinderen zich vaker identificeren met de ouder van hetzelfde geslacht, zegt Hoeve dan ook, kan het betekenen dat de opvoeding van vader meer invloed heeft op hun zoon dan die van moeder. Zo is bekend dat als een kind een vader heeft die in de gevangenis zit, de kans groter is dat het kind zelf met justitie en politie in aanraking komt. Wil je delinquentie bij jongens tegengaan, dan is het mogelijk effectief om ook de manier waarop vaders hun ouderschap vormgeven aan te pakken.

Aan de andere kant maakt onderzoek van Keijsers duidelijk dat zelfonthulling van adolescenten bij jongens en meisjes samenhangt met meer tijd doorbrengen met hun moeder. Voor tijd doorbrengen met de vader werd zo'n verband niet gevonden. In het algemeen vertellen kinderen vaak meer en diepgaander over wat hen bezighoudt aan moeders. Zoals we eerder zagen, hebben zelfonthulling en delinquentie met elkaar te maken. Dan zou investeren in betere communicatie tussen moeder en puber juist van belang kunnen zijn.

4.6 Heropvoed ouders en verminder delinquentie

De meeste ouders zullen het delinquente gedrag van hun kind afkeuren, maar hebben vaak geen vat meer op hun puber. Dikwijls verliezen ouders de moed en zin om nog op te treden, doordat ze geen vertrouwen meer hebben in hun eigen opvoedkwaliteiten. Fnuikend, want wie gelooft dat hij iets kan en dat dit leidt tot het gewenste resultaat, zal eerder ingrijpen. Daarom zie je bij interventies dat vertrouwen in de eigen opvoedkwaliteiten wordt gestimuleerd bij ouders.

Maar werken opvoedprogramma's voor ouders van pubers, zoals Ouders van Tegendraadse Jeugd, MST (multisysteemtherapie), FFT (Functional Family Therapy) en MDFT (Multidimensionele Familie Therapie) nog wel? In de puberteit gaan jongeren immers meer om met leeftijdgenoten en spenderen meer tijd buitenshuis dan voorheen. Bovendien is er al delinquent gedrag ontstaan. Is het dan niet te laat voor intensieve ouderinterventies?

Zeker niet, stelt hoogleraar Forensische Orthopedagogiek Jessica Asscher (Universiteit Utrecht). 'De invloed van leeftijdgenoten neemt inderdaad toe, maar het is niet zo dat ouders er niet meer toe doen. Bij het door mij onderzochte MST vonden we positieve effecten voor opvoedgedrag van ouders en zelfgerapporteerd externaliserend probleemgedrag van jongeren. Met externaliserend gedrag wordt bijvoorbeeld overlastgevend of delinquent gedrag bedoeld. Maar we vonden ook dat MST direct na afloop geen effect had op de omgang met foute ("deviante") vrienden. Voordat je nu denkt: het werkt niet – tegelijk bleek dat direct na afloop jongeren meer tijd doorbrengen met normale, sociale ("prosociale") vrienden. Dat is positief, omdat deze vrienden de jongere mogelijk op andere, niet-delinquente ideeën brengen.'

Met dit voorbeeld wordt duidelijk hoe complex onderzoek naar effecten van ouderinterventies is. Asscher: 'Ik zag ook dat extreem gewelddadige jongeren een maand na de behandeling juist ergere gedragsproblemen vertoonden dan bij aanvang. Bij vervolgmetingen trok dat weer bij. Had ik alleen de eerste en laatste meting gedaan, dan had ik kunnen concluderen dat de interventie voor deze groep weinig deed. Maar ondertussen was de problematiek in de eerste maand verergerd! Uiteindelijk vermindert delinquentie en antisociaal gedrag bij deze gewelddadige groep trouwens zelfs sterker dan bij de minder gewelddadige jongeren.'

'Hoe het op lange termijn gaat met jongeren in forensische zorg, is onduidelijk. Daarnaar is nauwelijks onderzoek gedaan,' vervolgt Asscher. 'Veel onderzoek is op scholen uitgevoerd en niet in een klinische setting, zoals een Jeugdzorg-plus-instelling of justitiële jeugdinrichting (JJI). Daarnaast is het effect van ouderinterventies op delinquent gedrag in de jongvolwassenheid nog weinig onderzocht.'

4.7 Familie-interventies in de praktijk

In Nederland wordt gewerkt met bewezen effectieve multisysteemtherapieën uit de Verenigde Staten, waarbij iedereen uit de omgeving die belangrijk is voor de jongere betrokken wordt. Zo ook bij Jeugdbescherming Gelderland. Welke ervaringen hebben hulpverleners hiermee in de praktijk? 'We zien altijd enig resultaat,' stelt Monique Veldhuis, gedragswetenschapper Jeugdreclassering bij Jeugdbescherming Gelderland, voorzichtig. 'Soms veranderen gedrags- en interactiepatronen tussen ouder en kind, met positief gevolg voor het schoolverzuim of afname van recidive. Soms legt de therapie vooral bloot dat er nog veel meer achter het gedrag van de jongere schuilgaat, bijvoorbeeld dat ouders zelf aan de bak moeten met hun verleden. Dan werk je dus nauwelijks (direct) aan de doelen voor de jongere. Toch is het een mooi resultaat, omdat het vaak problemen zijn die niet eerder boven tafel kwamen.'

Of je ouderinterventies inzet, hangt van meerdere factoren af, legt haar collega-jeugdreclasseerder Charley Adriaensen uit. 'Als je inschat dat ouders bijvoorbeeld te verslaafd zijn om adequaat op te voeden, is een andere interventie nodig. Hebben eerdere hulpverleners het al geprobeerd met een gezinsaanpak, dan is de vraag of dat nogmaals zinvol is. Ook de leeftijd van het kind speelt een rol. Bij een 14-jarige die steelt, is het vanzelfsprekender dat ouders moeten leren monitoren wat hun kind uitspookt dan bij een 17-jarige. Toch kan ik voor een 18-jarige nog prima een ouderinterventie aanbevelen. Zeker als er op meerdere gebieden problemen zijn: spijbelen, blowen, delinquentie. Is alleen sprake van schooluitval, dan werk je sneller met de jongere zelf.'

Zelfs al zijn ouders niet meer in staat om eerder 'verkeerd' opvoedgedrag zo bij te sturen dat het gedrag van hun puber verandert, toch is het zinvol om nog een ouderinterventie in te zetten, heeft gedragswetenschapper Veldhuis ervaren. 'Een jaartje therapie kan geen hele jeugd vervangen, maar als ouders erkennen wat er niet goed ging of nog een tijdje het juiste voorbeeld geven, zet dat iets positiefs tegenover de foute momenten. Juist in de puberteit komt dat heel bewust binnen.' Hoogleraar Asscher benadrukt: 'Bovendien breekt slechts een klein percentage met zijn ouders. De meeste kinderen blijven bij ze terugkomen.'

Literatuur

Boendermaker, L., Lekkerkerker, I., Dekovic, M., Foolen, N., & Vermeij, K. (2010). *Oudertrainingen bij de jeugdreclassering: Onderzoeksrapport*. Utrecht: NJi. ▶ https://www.nji.nl/nl/Download-NJi/Publicatie-NJi/Oudertrainingenbijdejeugdreclassering.pdf.

Dekoviç, M. (1999). Risk and protective factors in the development of problem behavior during adolescence. *Journal of Youth and Adolescence, 28*, 667–685. ▶ https://doi.org/10.1023/A:1021635516758.

Hoeve M., Dubas J. S., Eichelsheim V. I., Laan P. H. van der, Smeenk W., Gerris J. R. M. (2009). The relationship between parenting and delinquency: A meta-analysis. *Journal of Abnormal Child Psychology, 37*, 749–775. ▶ https://doi.org/10.1007/s10802-009-9310-8.

Literatuur

Janssen, H. J. (2016). *Parenting, criminogenic settings and delinquency*. Proefschrift. Utrecht: Universiteit Utrecht. ▶ https://dspace.library.uu.nl/bitstream/handle/1874/326018/janssen.pdf?sequence=1&isAllowed=y.

Keijsers, L., Branje, S. J. T., Valk, I. E. van der, Meeus, W. (2010). Reciprocal effects between parental solicitation, parental control, adolescent disclosure, and adolescent delinquency. *Journal of Research on Adolescence, 20*, 88–113. ▶ https://doi.org/10.1111/j.1532-7795.2009.00631.x.

Prinzie, P. (2014). *Waarom doet mijn kind zo moeilijk. Moeilijk gedrag begrijpen, efficiënt straffen en belonen*. Tielt: Lannoo.

Prinzie, P., Onghena, P., Hellinckx, W., Grietens, H., Ghesquière, P., & Colpin, H. (2003). The additive and interactive effects of parenting and children's personality on externalizing behaviour. *European Journal of Personality, 17*, 95–117. ▶ https://doi.org/10.1002/per.467.

Vries de, S. L. A., Hoeve, M., Stams, G. J. J. M., & Asscher, J. J. (2016). Adolescent-parent attachment and externalizing behavior: The mediating role of individual and social factors. *Journal of Abnormal Child Psychology, 44*, 283–294. ▶ http://dx.doi.org/10.1007/s10802-015-9999-5.

Foute vrienden

De invloed van of de keuze voor criminele maatjes

Samenvatting

Verklaringen voor delinquent gedrag van adolescenten zoeken wetenschappers onder meer in persoonlijkheidskenmerken van daders, de rol van ouders, de invloed van een achterstandspositie en het gebrek aan moreel besef of het geweten. Daarnaast is ook de omgang met leeftijdgenoten en vrienden van invloed op de ontwikkeling van crimineel gedrag. Ziet het er voor een jongere simpelweg slecht uit als hij foute vrienden heeft? En zijn de perspectieven gunstig voor de jongere met een sociaal, braaf vriendenclubje? Dit hoofdstuk gaat over vrienden en delinquent gedrag als 'soort zoekt soort' of invloed van foute maatjes; en over de vraag of ouders überhaupt nog iets kunnen doen tegen rondhangen met delinquente types.

5.1 Het verband tussen vrienden en delinquentie – 39

5.2 Denk of wéét je dat je vriend delinquent is? – 39

5.3 Vriendschappen op korte termijn – 40

5.4 Rondhangen met vrienden – 42

5.5 Rondhangen: de plek – 42

5.6 Ouders doen er niet meer toe? – 43

5.7 Monitoren in een achterstandsbuurt – 44

5.8 Wel delinquente vrienden, zelf niet delinquent – 44

5.9 De kracht van resisters – 45

Literatuur – 46

© Bohn Stafleu van Loghum is een imprint van Springer Media B.V., onderdeel van Springer Nature 2019
M. van Dorp, S. Aytemur en N. Swart, *Jeugdige delinquenten*, https://doi.org/10.1007/978-90-368-1440-9_5

De juridische praktijk: de waarheid verkrachten

Het leven van de 15-jarige Aylin is totaal verwoest. Ze is van een leergierige en succesvolle havo-leerling veranderd in een vmbo'er die vroegtijdig haar school heeft moeten verlaten. Na het incident, zo'n twee jaar geleden, is zij meerdere keren in therapie geweest om de akelige herinneringen een plek te geven. Helaas heeft dit niet geholpen. Aylin was al erg onzeker, maar dit trauma heeft haar nog onzekerder gemaakt. Sinds het incident heeft ze al twee keer een zelfmoordpoging gedaan. Haar familie lijdt er net zo erg onder als zijzelf. En wat leef ik met hen mee.

Wat is er gebeurd? Aylin is verkracht door vier jongens – althans, daarvan worden zij verdacht en dat wordt hun ten laste gelegd. Mocht de rechtbank dit niet kunnen bewijzen, dan kunnen de jongens vervolgd worden voor het minder zware strafbare feit dat zij seks hebben gehad met een meisje van onder de 16 jaar.

Aylin is zo getraumatiseerd door haar ervaringen met deze jongens, dat zij niet op de rechtszitting durft te verschijnen. Ik raad haar dat ook af – in dit soort gevallen bestaat er geen aanwezigheidsplicht. Op de zitting ben ik alleen maar opgelucht dat ze er niet is. Zoals verwacht proberen de advocaten de drie rechters ervan te overtuigen dat ze de jongens moeten vrijspreken. Dat is als slachtoffer al erg zwaar om aan te horen, maar in dit geval gaan de advocaten nog een stapje verder. Ze zeggen niet alleen dat Aylin heeft ingestemd met de seks, ze brengen het ook nog eens op zo'n manier dat het net lijkt alsof Aylin de jongens heeft verkracht en niet andersom: zij heeft het initiatief genomen, zij heeft de jongens verleid en alle seksuele handelingen verricht. Totaal ongeloofwaardig.

Omdat ik zelf ook vaak verdachten bijsta, kan ik me goed voorstellen waarom advocaten voor een bepaald verweer kiezen, maar in dit geval ben ik verbijsterd. De advocaten brengen het verweer zo onsmakelijk en respectloos, dat ik me afvraag of de jongens hier wel bij gebaat zijn. Voor de verdediging is het belangrijk om zo correct mogelijk te blijven richting het slachtoffer. Hoe meer sympathie je kweekt bij je tegenpartij en de rechters, des te serieuzer zij naar je zullen luisteren, is mijn ervaring. Ik kan me niet voorstellen dat dit verweer ook maar enige sympathie oproept.

Gelukkig heb ik van tevoren een gesprek met de officier van justitie gehad, met Aylin erbij. Dit was een prettig gesprek voor Aylin. De officier was een jonge, vriendelijke vrouw, die met veel begrip naar haar luisterde. Aylins vragen werden beantwoord en de officier liet blijken hoe zij over de zaak dacht.

Tijdens de zitting merk ik dat we er goed aan hebben gedaan om dit gesprek van tevoren te voeren. De officier ontkracht het betoog van de verdachten. Aylin is wél gedwongen door de verdachten en zij kon hier geen weerstand tegen bieden. De officier verwijst niet alleen naar het bewijs in het dossier, maar ook naar haar eigen waarnemingen tijdens het gesprek met de kwetsbare Aylin. De strafeis is drie jaar gevangenis.

Twee weken later volgt de uitspraak. De jongens worden veroordeeld voor de verkrachting. Hoewel de opgelegde straffen lager uitvallen dan de officier van justitie heeft geëist, moeten de jongens wel weer terug de cel in. Aylin heeft hierdoor heel even een gevoel van tevredenheid, van overwinning. Kort daarna blijkt dat de advocaten van de verdachten hoger beroep hebben ingesteld. Dit betekent dat de opgelegde straffen nog niet worden uitgevoerd; de jongens gaan de cel dus nog niet in. Weer breekt een onzekere tijd aan. Wat zal het gerechtshof doen? Zullen de jongens uiteindelijk boeten voor wat zij hebben gedaan?

Semra Aytemur

5.1 Het verband tussen vrienden en delinquentie

In de puberteit wordt de omgang met en invloed van leeftijdgenoten steeds belangrijker (Moffitt 1993; Warr 2002). Jongeren brengen meer vrije tijd door zonder toezicht van hun ouders en meer met hun leeftijdgenoten tijdens en buiten schooltijd. Waar in de kindertijd de normen en waarden van ouders belangrijk zijn, neemt in de adolescentie de invloed van vrienden en hun opvattingen toe.

In deze periode neemt ook delinquent gedrag sterk toe, met een piek tussen de 16 en 18 jaar. Er bestaat dan ook een duidelijk verband tussen delinquentie en omgaan met leeftijdgenoten in de puberteit, dat in onderzoek steeds wordt teruggevonden (Rakt et al. 2005; Weerman et al. 2018). Over de interpretatie van deze samenhang wordt echter verschillend gedacht.

Volgens één theoretische beschouwing wordt delinquentie beschouwd als een gevolg van socialisatie. Vrienden met normaal, 'prosociaal' gedrag zouden een gunstige invloed hebben, maar van foute vrienden nemen jongeren delinquent gedrag over. Volgens een andere theoretische opvatting zoeken jongeren met interesse in delinquente praktijken elkaar op, bijvoorbeeld omdat wetten en regels overtreden hun een stoer imago of een kick geven. Ze zijn dan al geïnteresseerd in delinquente praktijken voordat ze contact maken met foute vrienden. In dat geval is het verband tussen delinquentie en omgang met leeftijdgenoten niet het gevolg van socialisatie, maar van selectie. Dit heet dan ook de selectietheorie.

Waarschijnlijk hebben selectie en socialisatie van vrienden beide te maken met delinquentie, en wisselen ze elkaar af gedurende de puberteit (Rakt et al. 2005; Volker et al. 2015; Gallupe et al. 2018). Zo toont Nederlands onderzoek, uitgevoerd onder eerste- en derdejaars vmbo-scholieren, aan dat een vmbo'er met delinquente vrienden een jaar later meer delinquent gedrag laat zien (Rakt et al. 2005). Andersom beïnvloedt de delinquente jongere ook het gedrag van zijn vrienden: die laten na verloop van tijd ook delinquenter gedrag zien. Deze bevindingen ondersteunen dus de socialisatietheorie.

Tegelijkertijd blijkt een delinquente vmbo'er een jaar later vaker een delinquente vriend te kiezen – een aanwijzing dat de selectietheorie eveneens van toepassing is. Het aantal vrienden lijkt ook uit te maken. Hoe meer vrienden een jongere heeft, hoe meer delicten de vmbo'er pleegt. Dat hoeven niet per se delinquente vrienden te zijn, tenzij het bij jongens om een vriendin gaat. Vriendschap met een meisje betekent dat een jongen zich juist minder met delinquentie inlaat. Een relatie met een meisje heeft ook een dempend effect op het plegen van delicten (▶par. 11.4).

5.2 Denk of wéét je dat je vriend delinquent is?

Het is erg lastig om in kaart te brengen welk proces – selectie of socialisatie – wanneer van invloed is. Wetenschappers meten delinquentie door jongeren te vragen of en hoe vaak ze dingen doen die niet door de beugel kunnen en om welke delicten het dan gaat. Een beperking van zelfrapportage is dat jongeren misschien stoerder willen overkomen en daardoor meer delicten opgeven dan ze werkelijk hebben gepleegd. Of dat ze juist minder delicten opgeven, omdat ze vrezen dat het anders wel erg gortig wordt wat ze op hun kerfstok hebben.

Verder gaan onderzoekers meestal af op wat jongeren vertellen over het delinquente gedrag van hun vrienden of wat hun vrienden zeggen over hoe delinquent ze zijn. Het lastige daarbij is dat jongeren misschien overschatten wat hun vrienden uitspoken. Vaak *denken* jongeren namelijk te weten of en in welke mate hun vrienden delinquent zijn, maar hebben ze het zelf niet waargenomen.

'Verrassend is dat jongeren op korte termijn een vriend kiezen van wie ze *denken* dat deze welwillend staat tegenover het overtreden van regels en wetten,' vertelt Frank Weerman, bijzonder hoogleraar Jeugdcriminologie (Erasmus Universiteit Rotterdam) en senior onderzoeker bij het Nederlands Studiecentrum Criminaliteit en Rechtshandhaving (NSCR). 'Niet omdat ze *weten* dat een jongere dit werkelijk doet of in het verleden heeft gedaan.'

Hij vervolgt: 'Dat de houding van jongeren meer doorslaggevend is dan het werkelijke gedrag, is ergens logisch. Misschien weten ze gewoon niet of de ander werkelijk delicten pleegt, omdat ze elkaar nog niet zo lang kennen. Blijkbaar is hoe een jongere zich voordoet, belangrijker dan wat hij werkelijk uitvoert.'

Intussen kunnen wetenschappers steeds beter onderzoeken hoe het zit met de impact en invloed van delinquente vrienden. Sociale netwerken van jongeren worden in kaart gebracht en onderzocht met gespecialiseerde software voor statistische modellen (SIENA: Simulation Investigation for Imperical Network Analysis). Het voordeel van sociale-netwerkanalyse is dat je delinquent gedrag van vrienden kunt meten door deze vrienden zelf te vragen naar hun gedrag. Dan hangt het dus niet af van wat jongeren *denken* over het gedrag van vrienden.

Owen Gallupe en collega's (2018) vergeleken alle recente internationale studies naar selectie en socialisatie van leeftijdgenoten en delinquentie die gebruikmaakten van zulke sociale-netwerkanalyse. Voor beide processen werd ondersteuning gevonden. De onderzoekers raden dan ook aan om te kijken op welke manier selectie en socialisatie gelijktijdig werken. Het is waarschijnlijk dat de ene jongere gevoeliger is voor de invloed van foute vrienden dan de ander of eerder kiest voor verkeerde maatjes. Waar dat 'm precies in zit, zou onderzocht moeten worden.

5.3 Vriendschappen op korte termijn

Het lijkt best logisch dat bevriende jongeren *na verloop van tijd* een stempel drukken op elkaars opvattingen en gedrag. Ongeacht of een jongere zijn vrienden nou in eerste instantie gekozen heeft op basis van overeenkomende delinquente opvattingen of dat hij hun gedrag afkijkt en overneemt. Meestal wordt in onderzoek een halfjaar of een jaar later gekeken wat er is veranderd in vriendschappen en delictgedrag. Maar hoe zit het met het effect van omgaan met leeftijdgenoten op delinquentie op de korte termijn?

Frank Weerman (NSCR) werkte samen met twee Amerikaanse onderzoekers die gedurende tien weken tweewekelijks een kleine, maar representatieve groep leerlingen bezochten op een Amerikaanse middelbare school. 'In een periode van twee weken fluctueert het enorm met wie jongeren omgaan. Zeker in de eerste tijd na de zomervakantie kan hun "vriendenkeuze" per week verschillen; ook daarna blijven contacten dynamisch gedurende het schooljaar. Blijkbaar passen die wisselende vriendschappen bij de levensfase,' vertelt Weerman. 'Binnen twee weken kan, mogelijk mede door de veranderingen in vriendschappen, ook de betrokkenheid bij delinquent gedrag sterk veranderen.'

Als die vriendschappen en gedragingen zo veranderlijk zijn, en je vraagt een *jaar* later naar de invloed van 'delinquente vrienden' op het gedrag van een jongere, zijn het dan nog wel dezelfde delinquente vrienden die invloed uitoefenen op de jongere? Dat krijg je met langetermijnonderzoek niet goed in beeld. En als het andere vrienden zijn, kiest de jongere die dan bewust of komt hij ze toevallig tegen waar hij rondhangt? Kortom, misschien kun je beter op de korte termijn uitzoeken of delinquentie verband houdt met selectie of socialisatie van foute vrienden.

5.3 · Vriendschappen op korte termijn

Door de kortetermijn-vriendennetwerken te analyseren ontdekte Weerman dat een vriendschap met de één gevolgen kan hebben voor vriendschap met de ander. 'Jongeren raken bij voorkeur bevriend met vrienden van vrienden of met populaire jongeren. Ze zoeken ook vrienden op die gelijke *opvattingen* hebben met betrekking tot delinquentie, maar kiezen hen niet uit basis van delinquent *gedrag*. Dit vormt in zekere zin ondersteuning voor de selectietheorie in een korte tijdsperiode, maar net iets anders dan het idee dat jongeren met delinquent gedrag elkaar opzoeken.

In eerste instantie verwachtte Weerman ook dat jongeren elkaar in korte tijd zouden meetrekken in ongewenst gedrag – het socialisatie-effect –, maar daarvoor vond hij geen aanwijzingen. Het helpt dus waarschijnlijk niet om jongeren met delinquente ideeën in een klas met een meerderheid aan brave hendrikken te zetten. 'Deels omdat de jongeren met delinquente opvattingen binnen of buiten school vast op zoek gaan naar zielsverwanten. Het risico bestaat natuurlijk ook dat een delinquente minderheid invloed uitoefent op anderen. Daardoor kunnen naarmate de tijd verstrijkt, ook braverikjes stoute dingen gaan doen.'

'Zo zagen we in ander onderzoek dat binnen een bevriende groep leerlingen, die in de eerste klas van de middelbare school nog niets op zijn kerfstok had, sommige leerlingen in de tweede klas wél delicten op hun naam hadden staan. Het ging hier overigens om minder ernstige delicten als vandalisme of kleine diefstallen. Experimenteren met delinquent gedrag komt veel voor binnen de ontwikkelingsfase in de adolescentie en ontstaat ook spontaan in groepen jongeren.'

Als de vriendschappen tussen jongeren zo veranderlijk zijn, met gevolgen voor delinquent gedrag (Weerman et al. 2018), is de vraag of je als jeugdhulpverlener, wijkagent, docent of opvoeder op tijd kunt inschatten of een jongere zich inlaat met louche vriendjes. En als je dat vermoeden hebt, is de vriendschap en dus de mogelijke invloed van delinquente vrienden wellicht alweer over. 'Daarom is het vooral van belang om jongeren bewust maken van groepsdruk en de invloed van delinquente vrienden die kunnen voorkomen op onverwachte momenten, en hen daartegen weerbaar te maken,' zegt Weerman.

5.4 Rondhangen met vrienden

Er is nog een factor belangrijk in de relatie tussen leeftijdgenoten en delinquentie: de tijd die jongeren met elkaar doorbrengen en onder welke omstandigheden ze dat doen. Potjes voetbal op een vereniging lijken weinig riskant. Ongestructureerde vrije tijd, het ongericht rondhangen wat veel jongeren doen, mogelijk wel. Inderdaad zag Weerman dat jongeren vaker en meer delinquent worden als ze veel tijd op plekken verblijven zonder toezicht – helemaal als er ook nog alcohol of drugs in het spel is.

Uit ander Nederlands onderzoek, van Evelien Hoeben, blijkt dat acht op de tien middelbaar scholieren – uit alle sociale lagen en van diverse schoolniveaus – wekelijks wel ergens rondhangen, van wie 15 % meer dan tien uur per week. Rondhangen met vrienden die stelen en geweld plegen, verhoogt het risico dat jongeren dat zelf ook gaan doen (Hoeben en Weerman 2016).

Hoeben, intussen universitair docent aan de staatsuniversiteit van New York te Albany (Verenigde Staten), mailt: 'Rondhangen is een ideale situatie voor delinquentie. Jongeren zijn onder elkaar, er is geen toezicht van volwassenen en geen duidelijke structuur. Dus als zich iets spannenders voordoet dan een beetje praten, kunnen ze daarvoor gaan. Daarnaast hebben situaties van ongestructureerd rondhangen een grote aantrekkingskracht op delinquente jongeren, waardoor "braveriken" tijdens het rondhangen makkelijk foute vrienden opdoen.'

Hoe meer jongeren rondhangen in de buurt, hoe groter de kans dat zij zich delinquent gaan gedragen (Hoeben en Weerman 2016). Hoeben: 'Hangt een jongere tussen de 11 en 20 jaar oud gemiddeld één uur per week meer rond dan leeftijdgenoten, dan is zijn kans op crimineel gedrag 7 % hoger. Hangt hij meer rond dan hij eerder deed, dan neemt die kans toe met 2 %.'

5.5 Rondhangen: de plek

Het maakt ook uit *waar* jongeren hun vrije tijd doorbrengen. Met name jongeren die rondhangen in recreatie- en uitgaansgelegenheden, straten en parken maken zich schuldig aan diefstal of vandalisme. Opmerkelijk is dat dit verband niet opgaat als ze zich ophouden in winkelcentra, bij bushokjes en op stations (Hoeben en Weerman 2016). Hoeben legt uit: 'Mogelijk houden winkeliers, loketbeambten en conducteurs een oogje in het zeil en durven jongeren daardoor minder.' Bekend is namelijk dat sociale controle in een buurt tot minder jeugddelinquentie leidt.

Verrassend vond Hoeben dat driekwart van de 800 door haar onderzochte jongeren elkaar opzoekt in buurten waar ze zelf níet wonen. 'Vermoedelijk willen ze buiten beeld blijven van "bekend gezag", zoals ouders of buren. Verder verblijven ze sowieso graag in achterstandsbuurten, ook als ze daar niet wonen.' Dat komt overeen met cijfers uit ander onderzoek, waaruit blijkt dat 60 % van de geregistreerde incidenten van jeugdcriminaliteit plaatsvindt in slechts 20 % van de Nederlandse buurten (Laan 2018). In bepaalde buurten, bijvoorbeeld in Den Haag, is een concentratie van criminaliteit, hotspots genoemd. Al daalt de jeugdcriminaliteit in Nederland, in deze hotspots daalt de criminaliteit niet of minder sterk dan op andere plekken.

Als het uitmaakt waar jongeren zonder toezicht met elkaar verblijven, dan is het interessant om na te gaan wat de online wereld voor impact heeft op delinquentie, zeker nu de online en offline wereld voor jongeren steeds meer verstrengeld raken. Jongvolwassenen raken bovendien steeds meer verslaafd aan sociale media, zoals het CBS becijferde in 2018.

Ruim 28 % van de Nederlandse jongvolwassenen (18 tot 25 jaar) zit per dag tussen de drie en vijf uur op sociale media; bijna 9 % maar liefst tussen de vijf en tien uur per dag. Van de Nederlandse jongeren tussen de 15 en 19 jaar zit maar liefst 86 % op YouTube, berekende het Sociale Media Onderzoek (Veer et al. 2018). Bij WhatsApp is dat bijna 100 %. Facebook is minder populair geworden – misschien omdat ook opvoeders het online netwerk hebben gevonden?

Vanwege de toenemende interesse van jongeren in de virtuele wereld zou Frank Weerman graag onderzoeken hoeveel jongeren online over crimineel gedrag communiceren. 'Ze kijken naar rapvideo's op YouTube waar geweld en wapens worden verheerlijkt, zien straatcultuur in beeld en geluid voorbijkomen. Ze hangen misschien minder op straat en struinen meer online rond. Verleggen ze hun delinquente activiteiten naar de internetwereld? Of hoeven ze geen ongein meer uit te halen, omdat ze online al van alles hebben bekeken?'

In zijn oratie in november 2017 stelt Weerman dat hiernaar meer onderzoek moet worden gedaan. Uit eerder onderzoek blijkt dat geweld zien op televisie, in films en games op zich niet hoeft te leiden tot een grotere kans op probleemgedrag. 'Maar wat is het effect op delinquentie als jongeren via sociale media crimineel gedrag zien van hun bevriende leeftijdgenoten? We weten het niet.' Ook is ongewis hoe het online zit met selectie – of zie je toevallig foute vlogs langskomen? – en socialisatie – duimpje omhoog, *like* dit!

5.6 Ouders doen er niet meer toe?

Rondhangen met leeftijdgenoten op ongestructureerde plekken maakt de stap naar delinquentie voor jongeren dus kleiner. Maar doen ouders er dan helemaal niet meer toe? Gelukkig wel. De binding die jongeren met hun ouders voelen, heeft invloed op hun delinquente gedrag. Is een jongere (nog) niet delinquent, dan werkt de binding met ouders namelijk beschermend tegen het ontwikkelen van delinquent gedrag (tenzij ouders zelf crimineel zijn).

Dat onder meer binding met mensen beschermend werkt tegen het plegen van delicten is in lijn met de socialecontroletheorie van Travis Hirschi (▶ par. 6.4). Maar wanneer een jongere omgaat met delinquente klasgenoten, vergroot dat de kans op het plegen van delicten – of de jongere nou wel of geen sterke band met zijn ouders voelt. De band met ouders lijkt met name belangrijk voordat überhaupt sprake is van delinquent gedrag (Rakt et al. 2005).

Behalve de beschermende band van ouders met hun kinderen, helpt ook ouderlijk toezicht om delinquentie te voorkomen of verminderen. Ouderlijk toezicht kan op verschillende manieren: Jongeren dingen verbieden, monitoren waar ze mee bezig zijn of ze controleren (▶ H. 4).

Het blijkt verschil te maken op welke manier ouders toezicht uitoefenen, laat Loes Keijsers (2011) zien. De omgang met verkeerde vrienden verbieden werkt averechts. De Nederlandse meiden en jongens in haar onderzoek gaan dan juist meer met deviante – afwijkende, delinquente – vrienden om en de kans dat ze delinquent gedrag laten zien wordt groter (Keijsers et al. 2011). Ook hier is de relatie met ouders waarschijnlijk belangrijk, want als ouders volgens jongeren grenzen opleggen en monitoren, en er tegelijk een goede relatie is tussen jongere en ouder, dan laten ze zich minder in met delinquente praktijken (Janssen et al. 2016). Dat wordt ook wel een autoritatieve opvoedstijl genoemd.

Het tegenovergestelde daarvan is de autoritaire opvoeding, waar ouders streng straffen en verbieden zonder uitleg. Opvoedstijlen hangen ook samen met hoe ernstig delinquent jongeren zijn. Jongeren tussen de 11 en 19 jaar die ernstige delicten plegen en daarin volharden, hebben vaker ouders die een autoritaire opvoedstijl hanteren (Hoeve et al. 2007). Het maakt daarbij niet uit van welke etniciteit ze waren of uit welke sociaaleconomische situatie ze komen.

In een goede relatie vertellen beide partijen natuurlijk meer over zichzelf. Vertellen jongeren ouders uit zichzelf over hun bezigheden, dan is de kans kleiner dat ze delinquent gedrag vertonen. Of jongeren daarover een boekje opendoen, ligt niet aan de vragen die ouders stellen, maar aan het feit of jongeren daar zélf iets over willen loslaten (Keijsers et al. 2010). De basis voor die openheid richting ouders wordt al in de kindertijd gelegd. Overigens denken ouders dat ze veel weten over hun puber – maar die weet wel beter ...

5.7 Monitoren in een achterstandsbuurt

De relatie met ouders en hoe ouders een oogje in het zeil houden maakt dus verschil voor het delictgedrag dat jongeren (anders) ontplooien. Niet alleen direct, maar ook indirect doet de manier waarop ouders hun pubers monitoren ertoe. Een risicofactor voor delinquentie is namelijk het vertoeven in achterstandsbuurten. Dit zijn buurten waar uit de verloedering blijkt dat er weinig toezicht is – denk aan graffiti op muren, afval op straat, ingegooide ramen: een voorbode voor delinquentie. Toch raken jongeren die in achterstandsbuurten rondhangen, minder vaak betrokken bij delicten als de ouderlijke monitoring hoog is en ze de relatie met hun ouders als goed ervaren.

Die bescherming tegen delinquentie door een goede relatie met en monitoring van ouders gaat zelfs op als jongeren tijdens hun pubertijt steeds meer tijd in deze buurten gaan doorbrengen, hoe slecht de buurt ook is. Als jongeren al rondhangen in achterstandsbuurten, helpt een verbod daarop door ouders echter niet tegen de ontwikkeling van delinquent gedrag (Janssen et al. 2016). Net zo min als een verbod van ouders op het omgaan met verkeerde vrienden helpt, zoals we eerder zagen.

Kun je simpelweg voorkomen dat jongeren in een slechte buurt verkeren? Met een naschoolse opvang voor jongeren bijvoorbeeld? Weerman gelooft niet dat dit zo gemakkelijk werkt: 'Degenen die dat nodig zouden hebben, komen waarschijnlijk niet. En doen ze dat wel, dan bestaat de kans dat de problemen verergeren door groepen delinquente jongeren bijeen te brengen. Je moet dus goed nadenken over hoe je die activiteiten in de buurt inricht en wat je doet aan achterliggende problematiek.'

Socioloog Heleen Janssen concludeert in haar promotieonderzoek (2016) dan ook dat je weliswaar kunt proberen te voorkomen dat jongeren rondhangen in achterstandsbuurten, maar dat ook ouders geholpen moeten worden om op de juiste manier bij te sturen en een goede relatie met hun zoon of dochter te houden.

5.8 Wel delinquente vrienden, zelf niet delinquent

Hulpverleners en wetenschappers hebben meestal oog voor waarom mensen met een criminele carrière stoppen of daarin volharden. Maar hoe zit het met degenen die wel opgroeien in een criminele omgeving, maar zelf nooit starten met een criminele carrière? Docent-onderzoeker Sheila Adjiembaks bij hogeschool Avans & Fontys promoveerde op de vraag wat de achtergronden zijn van deze personen, de zogeheten *resisters* (onthouders). Ze tekende twintig levensverhalen op van mensen tussen de 19 en 49 jaar oud, die opgroeiden met delinquente vrienden en/of met criminele gezinsleden, zonder zelf het criminele pad op te gaan. Ook nam ze vragenlijsten af om hun veerkracht en persoonlijkheidstrekken in kaart te brengen.

'Uit de analyse van de verhalen blijkt onder meer uit welke bronnen de resisters putten om een ander bestaan op te bouwen dan dat waarin ze opgroeien. Ze vinden ambitie en het hebben van een levensdoel belangrijk, bijvoorbeeld om een bepaalde opleiding te volgen. Ze zien zichzelf op latere leeftijd in een andere rol dan wat ze nu om zich heen zien,' vertelt Adjiembaks.

'Succes behalen vormt een extra drijfveer om zich te onthouden van criminaliteit, net als erkenning krijgen voor een talent. Opvallend is dat die waardering en stimulans best van delinquente vrienden of familie kunnen komen. Uit de verhalen blijkt een soort leven-en-laten-leven-principe te heersen, waar wederzijds respect is voor elkaars leefwijze.'

Wat deze resisters verder kenmerkt, is dat ze reflecteren op het criminele gedrag van hun omgeving. Ze zien hun vader of vrienden in de gevangenis belanden en merken de stress en spanning op die criminaliteit met zich meebrengt. Houdt de politie jou en je vrienden in de gaten? Is er geld genoeg voor eten en de huur, nu vader in de bak zit? 'Ze zijn in staat lering te trekken uit het handelen van criminele ouders of vrienden en de negatieve gevolgen ervan. Dat noem ik het delegaatperspectief. Verder blijkt dat resisters het niet zo moeilijk vinden om bij hun eigen normen en waarden te blijven: ze scoren hoger op de mate van zelfgevoel dan gemiddeld.'

Ook voor *desisters* (mensen die crimineel gedrag vertonen, maar zich na verloop van tijd niet langer meer bezighouden met criminaliteit) is het onderkennen van de nadelen van criminaliteit op korte en lange termijn een belangrijke factor. De motieven van resisters en desisters komen op dit punt dus overeen. Overigens is stoppen met criminaliteit ingewikkelder dan het lijkt, onder meer omdat desisters hun identiteit aan het criminele imago ontlenen, geen toegang meer hebben tot de hoeveelheden geld en goederen waaraan ze gewend waren, niet meer bij een groep horen en zonder opleiding maar moeilijk aan het werk komen (Weijers en Drie 2014).

Resisters hebben het ook niet gemakkelijk, betoogt Adjiembaks. 'Ze voelen zich anders dan de anderen in hun omgeving. Door hun omgeving worden ze soms bijvoorbeeld gezien als de "geleerde". Dat is enerzijds natuurlijk vleiend en hun anders-zijn wordt vaak geaccepteerd door de omgeving. Ouders willen vaak helemaal niet dat hun kinderen hetzelfde criminele pad bewandelen.'

'Anderzijds is *resistance* een eenzaam proces,' weet Adjiembaks. 'Resisters horen niet direct bij een bepaalde vriendenclub of nemen daar afscheid van omdat ze een ander pad bewandelen.' Tegelijkertijd moeten ze bij het inslaan van die andere weg omgaan met het stigma van de buurt waarin ze wonen of de achternaam die ze dragen: kom je uit die buurt, dan word je stratenmaker of drugsdealer. 'Dat schept bij een werkgever of onderwijsinstelling geen hoge verwachtingen. Ze leven kortom in soms tegenovergestelde sociale werelden.'

5.9 De kracht van resisters

'Eigenlijk moet je dus niet alleen kijken naar risicofactoren tegen criminaliteit, zoals lage zelfcontrole of opgroeien in een sociaaleconomisch ongunstige situatie,' stelt Adjiembaks, 'maar ook naar welke bronnen van veerkracht aanwezig zijn in de eigen omgeving en hoe je potentiële resisters helpt hun eigen, niet-criminele weg te volgen. Besteed niet alleen aandacht aan het elimineren van risico's, maar zoek naar de individuele kracht van *resisters* en versterk die. Zo kan een criminele vader een risicofactor worden genoemd, maar als hij zijn zoon steunt en stimuleert niet crimineel te worden, is de vader juist betekenisvol voor de resister.'

In Amsterdam benaderen de politie, GGD en jeugdbescherming actief broertjes en zusjes van veelplegers om hen te behoeden voor een criminele carrière. De Amsterdamse veelplegers zijn al in beeld door de Top 600-aanpak (▶ kader Top 600-aanpak). Is op de deur bonzen bij broertjes en zusjes van ernstig criminele jongeren de manier om hen te helpen resister te worden en blijven? Adjiembaks denkt dat dat te kort door de bocht is. 'Je denkt dan weer vanuit risico's: je vader en grote broer zijn crimineel, dus we helpen jou dat niet te worden. Mijn insteek is juist om te luisteren naar waarom ze dat *niet* zijn.'

Resisters vinden is een uitdaging – iets waar de onderzoeker zelf tegenaan liep tijdens het verzamelen van respondenten. 'Deze groep is onzichtbaar. We merken niets van ze, want ze vormen geen probleem voor de samenleving. Doorgaans leven ze met een geheim, maar waardevol verhaal. Toch kunnen ze een steuntje in de rug gebruiken.'

Onderwijs, hulpverlening en jongerenwerk moeten zich op de krachten van deze resisterende jongeren richten en hen helpen hun talenten en aspiraties te ontdekken en na te jagen, vindt Adjiembaks. 'Aansluiten bij wat al voor iemand werkt en betekenis heeft, draagt meer bij aan veerkracht. Dat kan bijvoorbeeld door het persoonlijke levensverhaal op te tekenen als interventiemethode. Dat verhaal kan zo nog een inspiratiebron vormen voor anderen uit zijn omgeving ook.'

Top 600-aanpak
Sinds 2012 pakt Amsterdam zeshonderd veelplegers in de stad aan met lik-op-stukbeleid. Dat gebeurt door zo snel mogelijk te reageren op crimineel gedrag, strenger te straffen, aangehouden en veroordeelde daders te screenen op recidivekans en hun broertjes en zusjes te bezoeken om te signaleren of delinquentie bij hen op de loer ligt. De politie en het Openbaar Ministerie (OM) bepalen of sprake is van een 'veelpleger'. Daarvoor hanteren ze onder meer de volgende criteria: een jongere is de afgelopen vijf jaar aangehouden voor een *high impact crime* (HIC), zoals inbraak of straatroof, en is minimaal driemaal veroordeeld voor een delict. Wie onder de 21 jaar is en tweemaal is veroordeeld, staat ook als veelpleger te boek.

Literatuur

Adjiembaks, S. (2018). *(On)gemerkt bijzonder. Levensverhalen van resisters en de betekenis van het uitblijven van een criminele carrière*. Den Haag: Boom.
CBS (2018). *Jongvolwassenen vaker verslaafd aan sociale media*. 17 mei 2018. ▶ https://www.cbs.nl/nl-nl/nieuws/2018/20/jongvolwassenen-vaker-verslaafd-aan-sociale-media.
Gallupe, O., McLevey, J., & Browns, S. (2018). Selection and influence: A meta-analysis of the association between peer and personal offending. *Journal of Quantitative Criminology*. Advance online publication. ▶ https://doi.org/10.1007/s10940-018-9384-y.
Hoeben, E. M., & Weerman, F. M. (2014). Situational conditions and adolescent offending: Does the impact of unstructured socializing depend on its location? *European Journal of Criminology, 11*, 481–499. ▶ https://doi.org/10.1177/1477370813509346.
Hoeben, E. M., & Weerman, F. M. (2016). Why is involvement in unstructured socializing related to adolescent delinquency? *Criminology, 54*, 242–281. ▶ https://doi.org/10.1111/1745-9125.12105.

Literatuur

Hoeve, M., Blokland, B., Dubas, J. S., Loeber, R., Gerris, J. R. M., & Laan, P. H. van der (2007). Trajectories of delinquency and parenting styles. *Journal of Abnomal Child Psychology, 36,* 223–235. ▶ https://doi.org/10.1007/s10802-007-9172-x.

Janssen, H. J., Weerman, F. M., & Eichelsheim, V. I. (2016). Parenting as a protective factor against criminogenic settings? Interaction effects between three aspects of parenting and unstructured socializing in disordered areas. *Journal of Research in Crime and Delinquency, 54,* 181–207. ▶ https://doi.org/10.1177/0022427816664561.

Keijsers, L., Branje, S. J. T., Valk, I. E. van der, & Meeus, W. (2010). Reciprocal effects between parental solicitation, parental control, adolescent disclosure, and adolescent delinquency. *Journal of Research on Adolescence, 20,* 88–113. ▶ https://doi.org/10.1111/j.1532-7795.2009.00631.x.

Keijsers, L., Branje, S., Hawk, S. K., Schwarts, S. J., Frijns, T., Koot, H. M., et al. (2011). Forbidden friends as forbidden fruit: Parental supervision of friendships, contact with deviant peers, and adolescent delinquency. *Child Development, 83,* 651–666. ▶ https://doi.org/10.1111/j.1467-8624.2011.01701.x.

Laan, A. M. van der, & Beerthuizen, M. G. C. J. (2018). *Monitor Jeugdcriminaliteit 2017. Ontwikkelingen in de geregistreerde jeugdcriminaliteit in de jaren 2000 tot 2017. Cahier 2018-1.* Den Haag: WODC.

Moffitt, T. E. (1993) Adolescence-limited and life-course persistent antisocial behavior: A developmental taxonomy. *Psychological review, 100,* 464–701.

Rakt, M. van de, Weerman, F., & Need, A. (2005). Delinquent gedrag van jongens en meisjes Het (anti)sociale kapitaal van vriendschapsrelaties. *Mens en maatschappij, 80,* 328–352.

Veer, N. van der, Boekee, S., Hoekstra, H., & Peters, O. (2018). *Nationale social media onderzoek 2018.* Newcom research & consultancy BV. ▶ https://www.bindinc.nl/wp-content/uploads/2018/04/Newcom-Nationale-Social-Media-Onderzoek-2018-3.pdf.

Volker B, Baerveldt, C., & Driessen, F. (2015). Vriendschap en criminaliteit bij jongeren. In I. Wijers & C. Eliaerts (Red.), *Jeugdcriminologie. Achtergronden van jeugdcriminaliteit.* Den Haag: Boom.

Warr, M. (2002). *Companions in crime: The social aspects of criminal conduct.* Cambridge: Cambridge University Press.

Weerman, F., Wilcox, P., & Sullivan, C. J. (2018). The short-term dynamics of peers and delinquent behavior: An analysis of bi-weekly changes within a high school student network. *Journal of Quantitative Criminology, 43,* 431–463. ▶ https://doi.org/10.1007/s10940-017-9340-2.

Weijers, I., & Drie, A. van (2014). *Stoppen of volharden. Portretten van jonge veelplegers.* Amsterdam: SWP.

Altijd weer die Marokkanen

De rol van etniciteit bij delinquentie

Samenvatting

Een Jan Pieter van de Voorst tot Terborgh vind je niet snel in de Nederlandse jeugdgevangenis. Waarom zijn jongeren van Marokkaanse, Surinaamse, Antilliaanse en Turkse afkomst vaker terug te vinden bij justitie en politie dan van oorsprong Nederlandse jongeren?

6.1 Minderheden in de meerderheid – 51

6.2 Theorieën over etniciteit en criminaliteit – 51

6.3 Bijstand en armoede – 52

6.4 Sociale controle – 54

6.5 De opvoeding van allochtone ouders – 54

6.6 Betrokkenheid van ouders bij detentie – 55

6.7 Het is de buurt waarin ze opgroeien! – 56

6.8 Hulp bereikt allochtonen niet – 57

6.9 Oom agent heeft een bias – 58

Literatuur – 59

© Bohn Stafleu van Loghum is een imprint van Springer Media B.V., onderdeel van Springer Nature 2019
M. van Dorp, S. Aytemur en N. Swart, *Jeugdige delinquenten*, https://doi.org/10.1007/978-90-368-1440-9_6

De juridische praktijk: Surinamers achterna

Ben *jij* minderjarig? Dat is het eerste wat ik denk als ik Jay voor het eerst ontmoet, de avond dat hij is opgepakt. Een boom van een kerel, een flinke bol kroeshaar, hbo-student bedrijfseconomie. Hij blijkt 17 te zijn en heeft zwartgereden met de metro. Na het uitstappen duwde hij het metropoortje open, waarna er een – voor burgers onhoorbaar – alarm afging. Jay liep door, maar een onverzorgd uitziende, lange, brede man rende achter hem aan. Deze man droeg geen uniform en riep: 'Hé, stop!' Jay zette het op een lopen, maar werd na een korte achtervolging door de man ingehaald. De man bleek een controleur van de gemeente. Hij drukte Jay hardhandig tegen een muur en zei: 'Altijd weer die Surinamers die ik achterna moet rennen!' Vervolgens kwam de politie. Jay werd in de handboeien geslagen en hardhandig het politiebusje ingeduwd. Hij verzette zich vanwege twee diepe schaafwonden op zijn knieën, die hij eerder had opgelopen tijdens een valpartij met de scooter. Hij wilde niet met zijn zere knieën op de grond belanden zodat zijn wonden open zouden springen. Toch viel hij, door het ruwe politieoptreden.

De agent die naast Jay plaatsnam, bracht een nekklem bij hem aan en stompte hem op zijn armen. Onderweg scholden twee van de drie agenten hem uit en lachten om hem. Jays bril was door de nekklem eerst diep in zijn oogkas komen te zitten en daarna op de grond gevallen. Jay gaf aan dat zijn ogen begonnen te tranen, maar de politie deed niks. Kortom, er was sprake van politiegeweld en ook nog eens totaal onnodig. Kwam dit misschien ook door vooroordelen van de politie vanwege zijn voorkomen en afkomst?

De verdenkingen tegen Jay luiden: verzet bij aanhouding en bedreiging van de politie. Jay zou volgens de politie hebben gezegd dat hij ze nog wel zou pakken en er een traantje bij zou laten tatoeëren. Dat zou betekenen dat hij hen zou vermoorden. Ik kende die uitdrukking niet; Jay trouwens ook niet. Ik adviseer Jay om tijdens het politieverhoor te verklaren wat er precies is gebeurd en daarbij de wonden op zijn knieën te laten zien, evenals de rode verkleuringen op zijn polsen van de handboeien. Dezelfde avond wordt hij vrijgelaten, maar een jaar later moet hij voor de kinderrechter verschijnen. De kinderrechter veroordeelt Jay, die nooit eerder een strafbaar feit heeft gepleegd, voor zowel verzet bij aanhouding als bedreiging van de politie en legt een forse werkstraf op. Omdat het een onbevredigende uitspraak is, gaan wij in hoger beroep.

Bij het hof hoor ik zowel de controleurs als de politieagenten als getuige. Niemand van hen geeft toe dat er hardhandig is opgetreden bij de aanhouding. Er is volgens hen geen geweld gebruikt, Jay zou niets over wonden aan zijn knieën hebben gezegd en de nekklem viel volgens de politie wel mee. Opvallend is dat een van de agenten zegt dat Jay een tatoeage van een traan op zijn wang heeft. Dat klopt niet. Jay heeft helemaal geen tatoeage op zijn wang, zelfs geen moedervlek.

Het hof besteedt veel meer tijd en aandacht aan de zaak dan de kinderrechter. Jay herstelt met zijn keurige voorkomen het negatieve beeld dat in het dossier van hem is geschetst. De rechters zien dat ze een intelligente jongeman voor zich hebben die goed uit zijn woorden komt en eerlijk is over zijn eigen aandeel. Vervolgens voer ik een pleidooi waarin ik aangeef dat er geen overtuigend bewijs aanwezig is. Jay heeft geen enkele reden om te liegen en daarnaast staan er feitelijke onjuistheden in het dossier. Zeker, Jay is een boom van een Surinamer, maar dat betekent niet meteen dat hij gewelddadig is!

Twee weken later horen we de uitspraak: vrijspraak voor de bedreiging en ontslag van alle rechtsvervolging voor het verzet bij zijn aanhouding. We zijn inmiddels twee jaar verder, maar het recht heeft zegegevierd.

Semra Aytemur

6.1 Minderheden in de meerderheid

Eén ding valt direct op aan de populatie jongeren in Nederlandse jeugdgevangenissen. De meerderheid van de adolescenten heeft een niet-Nederlandse afkomst. En die belandt vaak ook nog eens niet voor het eerst in detentie. Marokkaanse jongeren, bijvoorbeeld, recidiveren vaker dan andere groepen. 'Je kunt niet om etniciteit heen,' zegt gedragswetenschapper Esther Crombach van justitiële jeugdinrichting (JJI) Lelystad dan ook. 'In onze groep is maar één half-Nederlandse jongen, de rest is van Marokkaanse, Somalische of Antilliaanse herkomst. In langverblijfgroepen zoals deze, waar zwaargestrafte en licht verstandelijk beperkte jongeren zitten, zie je standaard meer jongeren van niet-Nederlandse afkomst.'

Niet alleen in de gevangenis vind je meer Marokkanen, Turken, Surinamers en Antillianen dan autochtone jongeren. Verschillende onderzoeken laten zien dat zij eveneens meer kans lopen om verdacht te worden van een delict dan autochtone adolescenten. Marokkaanse en Antilliaanse jongeren zijn daarbij koplopers. Volgens Blokland en collega's (2010) is vóór hun 23e jaar tegen meer dan de helft van de Marokkaanse jongens proces-verbaal opgemaakt. Marokkaanse jongens zijn het jongst als ze worden geregistreerd (gemiddeld iets ouder dan 14 jaar), worden het vaakst geregistreerd van alle allochtone en autochtone jongeren en staan vaker bekend als veelpleger.

Allochtone delinquenten zijn in het algemeen jonger dan autochtone delinquenten als ze met de politie in contact komen en worden vaker geregistreerd. Net als de bekende psycholoog Terrie Moffitt zag bij Amerikaanse etnische jeugd, concludeert Blokland dat Nederlandse delinquente allochtonen gewelddadiger delicten plegen dan autochtone daders (Blokland et al. 2010). Het maakt daarbij niet uit of het om *first offenders*, veelplegers of recidivisten gaat. Ook in andere landen is migrantenjeugd oververtegenwoordigd bij justitie en politie (Steketee et al. 2016). Alleen bij lichtere vergrijpen als vandalisme ontlopen allochtone en autochtone jongeren elkaar niet in de statistieken.

Tussen de groepen allochtonen zijn overigens wel verschillen. Antillianen zijn veelal betrokken bij drugs- en wapendelicten en diefstal met geweld; Marokkaanse jongens vooral bij diefstal met en zonder geweld, bedreiging, vernieling en openbare ordedelicten; Surinamers en Turken met name bij wapen- en verkeersdelicten. Met uitzondering van Turkse jongens plegen allochtone jongens vaker dan autochtone jongens zedendelicten, zoals verkrachting, ontucht en aanranding.

6.2 Theorieën over etniciteit en criminaliteit

Hoe kan het dat etnische minderheden meer met criminaliteit worden geassocieerd dan de autochtone meerderheid? Wetenschappers hebben daar verschillende ideeën over, zoals de differentiële-associatietheorie, de *strain*-theorie en sociale-controletheorie.

Volgens de differentiële-associatietheorie of culturele-deviantietheorie nemen mensen gedrag over dat ze het meest waarnemen in hun omgeving, wat het meeste impact op hen heeft of waar ze het langst aan worden blootgesteld. Deze theorie werd in de eerste helft van de negentiende eeuw bedacht door socioloog Edwin Sutherland. Als jongeren met 'verkeerde' vrienden omgaan, is de kans groter dat zij ook zelf delinquent gedrag ontwikkelen.

De 'besmettelijkheid' van foute vrienden blijkt inderdaad uit divers onderzoek (Rakt et al. 2005; Driessen et al. 2002). Allochtone jongens hebben minder contact met autochtone jongens, blijkt uit onderzoek naar Rotterdamse straatjeugd. Ze hebben vooral losse contacten op straat met jongens in eenzelfde achterstandspositie. Door dit gebrek aan 'normale' sociale contacten zijn ze vatbaarder voor oudere, criminele jongens (Driessen et al. 2002).

Een andere verklaring voor de oververtegenwoordiging van migrantenjeugd in het criminele circuit geeft de strain-theorie, halverwege de achttiende eeuw bedacht door misschien wel de eerste socioloog, Émile Durkheim, en uitgewerkt door Richard Merton. Deze theorie gaat ervan uit dat mensen in het algemeen naar succes en bezit streven. Sommige groepen in de samenleving hebben echter beperkt toegang tot bronnen om daar te komen en dat levert spanning (*strain*) op. Simpel gezegd: wie geen werk heeft – wat vooral degenen onderaan de sociale ladder treft – waarmee hij een 'dikke bak' kan bekostigen, zoekt andere manieren om aan een mooie wagen te komen. Zoals criminaliteit.

6.3 Bijstand en armoede

Kijk je vanuit de strain-theoriebril naar de rol van etniciteit en criminaliteit, dan maken de omstandigheden waarin etnische minderheden verkeren, dat ze zich tot 'creatievere' middelen moeten wenden als ze ook willen bereiken wat 'iedereen' heeft. Inderdaad zie je dat etnische minderheden of allochtonen vaker in slechtere economische omstandigheden verkeren dan autochtonen. Zo bedroeg het gemiddelde jaarinkomen van mensen van 20 jaar en ouder met een Marokkaanse achtergrond in 2014 iets meer dan 18.000 euro, waar het jaarinkomen van iemand met een Nederlandse achtergrond bijna anderhalf keer zo hoog was, namelijk 26.600 euro per jaar. Mensen met een Surinaamse of Antilliaanse achtergrond zitten er tussenin met 21.600 euro besteedbaar inkomen op jaarbasis (CBS 2016).

Het Kennisplatform voor Integratie en Samenleving (KIS) concludeert dat ouders van Somalisch-Nederlandse jongeren vaker werkloos zijn dan ouders van Marokkaanse of Turkse jongeren. Het SCP becijfert dat ruim de helft van de Somaliërs in Nederland een bijstandsuitkering ontvangt en tweederde onder de armoedegrens leeft (Andriessen et al. 2017); het CBS constateert vijf jaar later zelfs dat bijna driekwart van de Somaliërs een bijstandsuitkering krijgt (CBS 2015).

Het SCP ziet in 2010 dat Somalische jongeren vaak worden doorverwezen naar een taakstraf van Halt (voor lichtere vergrijpen); vaker dan jongeren van Antilliaanse en Marokkaanse afkomst. Als je de cijfers van de lage sociaaleconomische positie en etniciteit zo naast elkaar legt, zou je volgens de strain-theorie inderdaad een samenhang met delinquentie kunnen veronderstellen. Overigens kun je door deze cijfers te vergelijken geen oorzaak aantonen. Dat kan alleen wanneer duidelijk is dat de oorzaak leidt tot een bepaald gevolg, en er geen andere factor meespeelt die invloed uitoefent op wat je aan het meten bent. In sociaalwetenschappelijk onderzoek is dat vaak lastig. Wel toont het verband tussen de sociaaleconomische positie en delinquentie aan dat deze twee zaken gelijktijdig optreden.

Hoe belangrijk het is om toegang te hebben tot dure spullen, ziet Esther Crombach in de JJI zeker terug: 'Een jas van 900 euro zit er niet meer in als ze vast zitten. Daar hebben ze het moeilijk mee. Opeens moeten ze gaan nadenken. Wat heb ik nodig? in plaats van: wat wil ik – nu – hebben? Om hun zelfbeeld en imago niet helemaal te laten crashen, helpt een Marokkaanse collega hen kleding aanschaffen: een trainingspak van een veel goedkoper lookalike-merk, "afstylen" met mooie gympen. Zien ze er weer helemaal "limpielimpie" uit, zoals ze zelf zeggen.'

Niet vanzelfsprekend kunnen krijgen wat anderen hebben, zou betekenen dat ook *autochtonen* met een lage economische positie meer risico lopen met justitie en politie in aanraking te komen. Roel Jennissen (2009) zag dat allochtonen met een economisch lage positie weliswaar vaker in politierapporten terugkeren dan autochtone Nederlanders in betere omstandigheden, maar dat allochtonen in een economisch lagere positie nog steeds vaker in politierapporten te vinden zijn dan autochtone Nederlanders met dezelfde lage economische positie. Blijkbaar speelt een ongunstige economische situatie wel een rol bij etnische minderheden, maar vormt het niet de enige verklaring voor de hoge betrokkenheid bij delinquentie – daarover later meer.

Overigens is er ook kritiek op de strain-theorie, want niet iedereen streeft hetzelfde doel na, zeker niet in een geïndividualiseerde samenleving. En sommigen, zeker jongeren, doen vanwege de kick dingen die niet door de beugel kunnen. Dit noemde de Amerikaanse psycholoog Martin Zuckerman de *sensation seekers*. Hij ontwikkelde een vragenlijst die meet of iemand bijvoorbeeld voorkeur heeft voor wilde feesten en veel drinken, snel verveeld of rusteloos is, graag onconventionele dingen uitprobeert, zoals psychedelische paddenstoelen gebruiken, of riskante buitensportactiviteiten zoekt, zoals bungeejumpen.

6.4 Sociale controle

Een derde theorie die de samenhang tussen allochtonen en delinquentie probeert te verklaren, is de sociale-controletheorie. Die veronderstelt dat elk mens in wezen crimineel gedrag kan vertonen en dat ook doet als er geen sociale controle aanwezig is of als er geen binding wordt gevoeld met de maatschappij. Ofwel, staat er geen flitser, dan rijd je al snel te hard als jou dat uitkomt en je niet zoveel ophebt met het milieu of mogelijke risico's voor andere verkeersdeelnemers.

De bedenker van de sociale-controletheorie, Travis Hirschi, stelt dat binding met de maatschappij uit vier onderdelen bestaat:

- de gehechtheid aan andere personen, die je niet wilt teleurstellen;
- de investeringen in opleiding of werk die je niet op het spel wilt zetten door crimineel gedrag;
- geloof in de normen en waarden van de samenleving;
- dusdanige betrokkenheid bij en integratie in de maatschappij (denk aan een leven gevuld met studie, werk, hobby's en vrienden), waardoor er simpelweg geen tijd is om onwettig gedrag te laten zien.

De omgeving en de inrichting van de omgeving kan de binding met de maatschappij bevorderen. In sommige buurten ontbreken de saamhorigheid en sociale controle echter meer dan in andere. Zo is de sociale controle in achterstandsbuurten vaak minder. Dat zijn buurten waar uit ingegooide ruiten, graffiti en zwerfafval blijkt dat de politie er weinig optreedt, waar buren elkaar niet kennen of zich verre van elkaar houden en ouders minder vanzelfsprekend op straat op elkaars kinderen letten. Is er veel sociale controle in een buurt, dan neemt het risico op crimineel gedrag af. Dat geldt voor alle bevolkingsgroepen. Alleen woont de etnische minderheidsjeugd vaker in buurten met weinig controle.

Tussen de minderheden zijn verschillen. Zo is de sociale controle bij Turken en Surinamers hoger en ligt de criminaliteit bij hen lager dan bij Marokkanen (Bovenkerk 2014). Ook overeenkomstig met de sociale-controletheorie stelt Jennissen (2009) dat de afwijkende *age-crime curve* (het gegeven dat delinquent gedrag vanaf het dertiende jaar toeneemt, piekt tussen het zestiende en achttiende jaar en daarna weer afneemt richting het twintigste levensjaar; ▶ par. 2.1) bij Antillianen wellicht deels aan een gebrek aan binding ligt. Antillianen blijven tot halverwege hun veertigste jaar delinquenter dan andere bevolkingsgroepen. Die hogere delinquentie komt mogelijk doordat ze niet profiteren van de dempende werking van de binding met een gezin. Antilliaanse mannen zijn dikwijls minder betrokken bij hun gezin en Antilliaanse moeders voeden hun kinderen (in veel gevallen van verschillende vaders) vaak alleen op.

6.5 De opvoeding van allochtone ouders

Sociale controle in een buurt helpt jongeren dus in het gareel houden. Controle speelt echter ook een rol dichterbij huis, in de opvoeding. Ook ouders kunnen er door de manier waarop ze hun kroost controleren aan bijdragen dat jongeren minder (snel) betrokken raken bij delinquentie. Controle en steun zijn belangrijke thema's in de opvoeding. Maar wacht even, voeden allochtone ouders hun kinderen dan slechter op?!

Dat is wat boud gesteld, maar opvoedverschillen tussen allochtone en autochtone ouders zijn er wel. Marokkaanse jongens lopen meer risico op delinquentie, omdat ze meer buitenshuis (mogen) verkeren dan hun zussen. Ze bevinden zich daardoor niet alleen vaker in ongecontroleerde situaties, maar bouwen ook een minder warme band op met hun moeder dan Marokkaanse meisjes. Marokkaanse vaders missen dikwijls gezag en zijn bovendien minder betrokken bij de opvoeding, wat je zoals genoemd eveneens terugziet in de Antilliaanse gezinnen.

Ook neigen allochtone ouders tot een meer autoritaire opvoedstijl, zoals in Nederland vóór de jaren zestig van de vorige eeuw gebruikelijk was. Daarbij draait het om gehoorzaamheid en machtsverschil tussen ouder en kind. Een hardere, autoritaire manier van opvoeden leidt ertoe dat kinderen misschien wel luisteren, maar niet zelf gemotiveerd raken om het juiste te doen. Onderzoek ziet dan ook verband tussen een harde opvoedstijl en meer delictgedrag.

Autochtone ouders hanteren gemiddeld genomen meer de autoritatieve opvoedstijl. Zij bieden emotionele steun, vinden autonomie van het kind belangrijk, weten wat het kind uitspookt, maar zonder dat het puur om controle draait. Overigens wordt een autoritaire, controlerende vader toch ook als steunend ervaren door allochtone kinderen en hun ouders (Terberg en Schothorst 2015). Deze vaders zijn streng en liefdevol tegelijk.

Allochtone ouders kunnen hun kinderen minder goed steunen en voorbereiden op hun toekomst, omdat ze te weinig van de Nederlandse cultuur weten (Pels 1998, 2010). Als de culturele opvattingen thuis en buitenshuis sterk verschillen, heet dat culturele dissonantie, en dat kan verwarring scheppen bij jeugdigen. Ook daar is weer een argument tegenin te brengen: ondanks hun andere culturele achtergrond zien we jongeren met een Aziatische achtergrond minder in de criminele statistieken terugkomen, ongeveer gelijk aan autochtone jongeren (Bucx en Roos 2015).

De vraag is of de verklaring voor delinquentie zoeken in de opvoedverschillen tussen allochtone en autochtone ouders nog wel steekhoudend is. De manier van opvoeden is namelijk aan het veranderen. De opvoedstijl van allochtone ouders verschuift van autoritair naar meer autoritatief. Tegelijkertijd worden de verschillen in opvoedstijlen *binnen* de allochtone groeperingen groter. De opvoedstijlen variëren van permissief (kinderen hun gang laten gaan), autoritair en autoritatief en lijken daarmee meer op de onderlinge verschillen bij autochtone ouders (Pels et al. 2009; Pels 2010). De eerste generatie minderheden gebruikt misschien nog een strengere opvoedstijl, met een ongunstiger effect op delinquentie; de latere generaties hanteren een opvoedwijze die meer tegemoet komt aan de uitdagingen in de westerse maatschappij.

6.6 Betrokkenheid van ouders bij detentie

In de JJI (justitiële jeugdinrichting) Lelystad zien ze de culturele verschillen in opvoeding ook. Crombach: 'De betrokkenheid van ouders verschilt. Zo bespreken we om de vier maanden het perspectiefplan met de jongere en zijn ouder(s). Daarin staat hoe het gaat met de jongere en waar we naartoe werken. Marokkaanse ouders komen vaak niet op zo'n gesprek. Misschien maken we als hulpverleners niet duidelijk genoeg wat we van hen verwachten en is dat een reden. Daarnaast zien zij hun zoon ook een beetje als "afvallig". "Hij verdient geen aandacht, straf hem maar," zeggen ze dan, "daarna kan hij weer thuis komen".

'Bij Somalische en Turkse jongeren komt vaak de vader of een broer langs. Bij Somaliërs vormt de Nederlandse taal trouwens wel vaak een probleem in contact met ons en de buitenwereld. Bij Antilliaanse jongeren is vader vaak buiten beeld en zien we meestal de moeder.'

'We vinden het belangrijk,' zegt Crombach, 'dat ouders weten hoe de JJI eruitziet. Op familiedagen zijn ze verbaasd over wat hun kinderen allemaal mogen: sporten en op de PlayStation spelen?! Marokkaanse en Antilliaanse ouders vragen weleens of hun kind zo wel genoeg gestraft wordt. Vermoedelijk realiseren ze zich de impact van vrijheidsbeneming niet. Stel je voor dat je van je 15e tot je 19e vastzit, niet met je vrienden kunt omgaan, geen biertje mag drinken …'

Wanneer een bespreking thuis bij de ouders plaatsvindt, zijn ouders heel gastvrij, is Crombachs ervaring. 'Je krijgt enorme hoeveelheden lekkers en je moet beslist mee-eten. Als ouders meer betrokken en bekend raken bij de jongere in de JJI, begrijpen ze beter wat hij leert en doormaakt, en kunnen gemakkelijker steun bieden tijdens en na het verblijf. Helaas is het door tijdgebrek vaak niet mogelijk voor ons om bij ouders langs te komen, zeker omdat ook de gezinsvoogd en onderwijsprofessionals vaak aanwezig moeten zijn of omdat het te ver reizen is. En als een jongere geen verlofstatus heeft, mag hij niet eens de JJI uit.'

6.7 Het is de buurt waarin ze opgroeien!

Majone Steketee, hoogleraar Intergenerationele overdracht van geweld in gezinnen en werkzaam als voorzitter van de raad van bestuur bij het Verwey Jonker Instituut, deed onderzoek naar etniciteit en criminaliteit. Ze vergeleek 35 landen en keek naar verschillen in de oorzaken van delinquentie. Steketee: 'Jongeren tussen de 12 en 17 jaar plegen universeel dezelfde soort en ongeveer evenveel delicten. Migrantenachtergrond lijkt van grote invloed. Totdat je controleert voor opgroeien in een slechte buurt en binding met school, ouders en vrienden. Dan verdwijnt de significantie van het allochtoon-zijn.'

Voor een deel speelt een combinatie van diverse theorieën over criminaliteit, onder meer zoals hierboven beschreven, een rol volgens Steketee. De voornaamste verklaring voor crimineel gedrag vormt volgens haar echter opgroeien in achterstandsbuurten. Daar is de gelegenheid meer aanwezig om criminele activiteiten te ontplooien, is weinig toezicht en hebben jongeren minder te doen na school doordat ouders geen geld hebben voor clubjes.

Wat blijkt? Steketee: 'Migrantenjongeren van Turkse, Marokkaanse of Antilliaanse afkomst in westerse landen als Duitsland, Denemarken, Oostenrijk en Nederland wonen vaker in zulke achterstandswijken. Die omstandigheid verklaart voor een groot deel dat jongeren met een andere afkomst eerder en meer in criminaliteit belanden.'

Dit is in lijn met wat Frans Bovenkerk in 2014 concludeerde. Bovenkerk schetste ook meteen een duistere toekomst. Marokkaanse jongeren die in hun pubertijd al delinquent gedrag laten zien, gooien hun eigen glazen in. Want, kleine kans dat je met een strafblad werk vindt, en geen werk vergroot weer het risico op criminaliteit. In feite veroorzaakt crimineel gedrag zo een maatschappelijke achterstandspositie, in plaats van andersom (Bovenkerk 2014).

Of versterkt het een het ander? De achterstandspositie maakt dat jeugd zich met criminaliteit ingeeft. Dat zorgt voor minder kansen op de arbeidsmarkt, wat weer een slechtere sociaaleconomische positie ten gevolge heeft, waardoor de criminaliteit lonkt, en zo verder. Of het begint met de kip (de achterstandsbuurt of -positie) of het ei (delinquentie), is dan niet eens zo interessant.

Steketee ontdekte naast de risicofactor omgeving ook individuele verschillen tussen migranten- en niet-migrantenjongeren in de verschillende landen. 'Op individueel niveau scoren migrantenjongeren iets slechter op zelfcontrole en ze staan vaker positiever tegenover het gebruiken van geweld.' Dat sluit aan op de relatief nieuwe situationele-actietheorie van Per Olof Wikström van na het millennium.

Wikström verbindt hoe de omgeving is ingericht met individuele kenmerken: die combinatie verhoogt of verlaagt het risico op criminaliteit. Een persoon pleegt een delict als hij zich én vaak begeeft op plekken waar de mogelijkheid tot criminaliteit groot is (zoals een achterstandsbuurt) of waar de kans op conflicten met anderen groot is, én als hij geneigd is tot of positief denkt over crimineel gedrag. De theorie stelt dat je moet kijken waarom sommige mensen naar criminaliteit neigen, wat bepaalde omgevingen criminogeen maakt en hoe het kan dat mensen geneigd tot criminaliteit aan zulke criminogene plekken worden blootgesteld. Wat voor soort criminaliteit ontstaat, hangt af van het soort mens en de soort setting. Bij 12- tot 17-jarigen toont Wikström inderdaad aan dat als er veranderingen plaatshebben in de neiging van jongeren naar delinquentie en/of ze meer in situaties verkeren waar delicten plegen een mogelijkheid is, jongeren meer delinquent gedrag vertonen (Wikström 2014).

Een waarschuwing voor de toekomst over migranten is Steketee aangelegen: 'We moeten kinderen met een migrantenachtergrond en hun ouders ondersteunen, met name degenen die in achterstandsbuurten wonen. Want deze jongeren lopen een grotere kans om verkeerde vrienden te krijgen of in aanraking te komen met een jeugdbende. Doen we niets voor de 'nieuwe' migrantengezinnen in ons land, dan krijgen we over tien jaar met bijvoorbeeld Syriërs hetzelfde probleem als met Marokkaanse en Antilliaanse jongeren nu.'

6.8 Hulp bereikt allochtonen niet

De oorzaak van waarom etnische minderheden met delinquent gedrag beginnen of doorgaan, wordt naast de verklaringen die de theorieën geven, ook gezocht in de praktijk van de hulpverlening. Al jaren is bekend dat allochtone gezinnen zijn ondervertegenwoordigd in de vrijwillige en preventieve hulpverlening. Bij de jeugdbescherming en justitiële inrichtingen, de zwaardere hulp, zijn ze juist oververtegenwoordigd. De jeugd- en opvoedhulp bereikt hen dus te laat of is niet effectief genoeg, wordt al gerede tijd geroepen.

'Methodieken schieten bij het werken met deze doelgroepen tekort en voorzieningen bieden allochtonen onvoldoende ondersteuning,' schrijft Hilde Kalthof dan ook (2009). Crombach ziet dat bij de gezinnen van 'haar' JJI-jongeren: 'Marokkanen en Antillianen proberen problemen vaak in hun gemeenschap op te lossen en zoeken minder snel reguliere hulp. Daardoor kan probleemgedrag escaleren.'

Zijn jongeren die al in de fout zijn gegaan, gebaat bij een etnisch-sensitieve aanpak om recidive te voorkomen? 'Zo'n specifiek programma bestaat niet,' zegt Crombach. 'Veel belangrijker dan etniciteit is praten over iemands zelfbeeld en straatcultuur – niet *snitchen* (verlinken) –, zoals we doen in de methodiek YOUTURN.'

'Je kunt ook geen standaardprogramma maken, alleen al vanwege de verschillende etniciteiten en de unieke problemen van jongeren. Zo hebben we een Somalische jongen die gevaarlijk kon ontploffen. Hij mepte om zich heen met een jampot in een sok, deelde in de sportruimte met een halter tot bloedens toe klappen uit. En hij schepte telkens veel te veel avondeten op. Wij vermoedden een oorlogstrauma, maar hij weigerde EMDR.' EMDR is een bewezen effectieve methode om met hulp van snelle oogbewegingen een traumatische gebeurtenis te verwerken.

'Navraag bij een Somalische gemeenschap leverde de kennis op dat zo ongeveer iedereen in dat land is getraumatiseerd. Maar in Somalië bestaan helemaal geen psychologen. Aan trauma's besteed je geen aandacht, want je moet verder. Bovendien geloven ze in het islamitische *Insjallah*: bepaalde ontberingen moet je nu eenmaal ondergaan, een oplossing is niet nodig. Die informatie hielp ons hem wat beter te begrijpen. We gooiden het over een andere boeg en stelden hem de vraag: "Hoe bereik jij waar je in de toekomst wilt zijn? Niet op deze manier, dan zit je straks in een tbs-kliniek." Toen wilde hij toch EMDR wel proberen.'

De JJI maakt wel gebruik van de diversiteit op de werkvloer. 'Van de acht groepsleiders zijn er maar twee Nederlands,' vertelt Crombach. 'Het helpt als degene die de jongere op verlof begeleidt de gesprekken tussen ouders en kinderen in het Tamazight [Berbers, MvD] of Papiaments kan volgen. Zo'n collega kan ouders ook beter uitleg geven over het Nederlandse systeem. Ik heb veel over culturen gelezen en kan wel netjes mijn schoenen uittrekken bij de ingang, maar de subtiele dingen mis ik. Je kijkt toch vanuit een Nederlandse bril naar opvoeding. Als een Marokkaanse jongen weerbaarder is geworden in de JJI en heeft geleerd nee te zeggen tegen verkeerde voorstellen, vinden wij het vanzelfsprekend dat hij zijn vader vertelt dat hij is veranderd. Maar dat ga je als kind niet zomaar je vader voorhouden, vertelde een Marokkaanse collega. Dat is respectloos jegens je vader.'

6.9 Oom agent heeft een bias

Naast de praktijk van de hulpverlening is er nog het vermoeden dat de pakkans voor allochtonen groter is door vooroordelen van politie en justitie. Enige tijd terug ontstond daarover een maatschappelijke discussie. De politie zou etnisch profileren – wie een kleurtje heeft, wordt eerder aangehouden of verdacht dan een 'witte' Nederlander. De aanhoudingskans verhoogt door de onbewuste aanname van politieagenten dat vooral mensen overtredingen begaan die niet voldoen aan het uiterlijk van een 'kaaskop'. Oom agent heeft dus een bias: hem valt een bepaalde groep of uitkomst meer op.

Tussen veel appels is de kans op het vinden van een rotte groter, wat het vooroordeel bevestigt. Want als je veel mensen uit eenzelfde etnische groep aanhoudt, vergroot dat de kans dat er eentje tussen zit die crimineel is. Steketee vroeg bijvoorbeeld aan jongeren uit de verschillende landen wie er van het delict afwisten. 'Bij vergelijkbare delicten zie je dat de politie bij migrantenjongeren veel vaker weet van het delict dan bij autochtone jongeren die hetzelfde hadden uitgehaald.'

Dat de verhoudingen wederzijds verstoord lijken te zijn, blijkt uit onderzoek van het Kennisplatform Integratie en Samenleving (KIS). Jongeren zelf hebben over het algemeen weinig vertrouwen in de politie. Dat geldt vooral voor jongeren met een migratieachtergrond, en verder voor degenen met vmbo-niveau of lager, slachtoffers van een delict en pubers uit achterstandsbuurten. Zowel jongeren met als zonder migratieachtergrond hebben het idee dat migrantenjongeren minder goed worden behandeld door de politie (Broekhuizen et al. 2018).

Gevoelens gediscrimineerd te worden, leven zeker in de justitiële jeugdinrichting, beaamt Crombach: 'Dan merken ze op: "Dat zeg je alleen maar omdat ik Marokkaan ben!" Grappig is dat ze enerzijds gevoelig zijn voor discriminatie van Nederlanders en anderzijds zelf niet terugdeinzen voor racistische en grove uitingen over jongeren met een andere afkomst. Zo voelen Marokkanen zich verheven boven Turken, die ze als voetvolk bestempelen. En voor de uitspraak "Jij bent een koelie," – een domme hindoe – schamen jongeren zich niet. Als je bij een minderheid hoort, mag je blijkbaar andere minderheden benadelen. Van autochtone Nederlandse jongeren trekken ze het niet.'

Misschien dat ook rechters en agenten minder onafhankelijk oordelen dan gedacht. Zo vond Stevens (2009) dat bij jongeren tussen de 12 en 18 jaar in voorlopige hechtenis de allochtone jongeren van lichtere delicten werden verdacht dan de autochtone. De allochtone zaten er vanwege verdenking van diefstal, oplichting of fraude met en zonder geweld (vermogensdelicten); de autochtone jongeren zaten er vanwege zedendelicten, geweld en brandstichting. De neiging jongeren in voorlopige hechtenis te zetten voordat de rechter over de zaak oordeelt, lijkt dus negatiever uit te pakken voor allochtone verdachten.

'Als er een Jan Pieter van de Voorst tot Terborgh binnenkomt voor detentie of in voorlopige hechtenis, vallen wij hier van onze stoel,' bekent Crombach van de JJI Lelystad. 'Dat gebeurt bijna niet. Ik vrees dat het uitmaakt of Khalid een bushokje sloopt of Jan Pieter. Misschien maakt de reactie van ouders ook nog verschil voor het vervolg. Waar Jan Pieters ouders tegenover de politie en rechter zijn gedrag openlijk afkeuren en vertellen dat ze maatregelen zullen treffen, krijgt Khalid thuis van zijn moeder met de slipper.'

Literatuur

Andriessen, I., Gijberts, M., Huijnk, W., & Nicolaas, H. (2017). *Gevlucht met weinig bagage. De lefsituatie vna Somalische Nederlanders*. Den Haag: Sociaal en Cultureel Planbureau (SCP).

Blokland, A., Grimbergen, K, Bernasco, W., & Nieuwbeerta, P. (2010). Criminaliteit en etniciteit. Criminele carrières van autochtone en allochtone jongeren uit het geboortecohort 1984. *Tijdschrift voor Criminologie, 52*, 22–152.

Bovenkerk, F. (2014). *Marokkaan in Europa, crimineel in Nederland*. Amsterdam: Boom.

Broekhuizen, J., Kapel, M. van, Steketee, M., & Roetman, L. (2018). *Vertrouwen in een rechtvaardige behandeling door de politie. Een analyse van de ISRD-3: een grootschalig onderzoek onder scholieren*. Utrecht: KIS.

Bucx, F, & Roos, S de (2015). *Opvoeden in niet-Westerse migrantengezinnen, een terugblik en verkenning*. Amsterdam: SCP.

CBS (2015). *Zeven van de tien Somaliërs in de bijstand*. Persbericht juni. ▶ https://www.cbs.nl/nl-nl/nieuws/2015/31/zeven-van-de-tien-somaliers-in-de-bijstand.

CBS (2016). *Jaarrapport integratie 2016*. Den Haag: CBS.

Driessen, F. M. H. M., Völker, B. G. M., Kamp, M. op den, Roest, A. M. C., & Moolenaar, R. J. M. (2002). *Zeg me wie je vrienden zijn: allochtone jongeren en criminaliteit*. Utrecht/Apeldoorn: Bureau Driessen/Politie & Wetenschap. ▶ https://www.bureaudriessen.nl/publicaties/POLI&W-Zeg%20me%20wie%20je%20vrienden%20zijn.pdf.

Jennissen, R. P. W. (2009). *Criminaliteit, leeftijd en etniciteit. Over de afwijkende leeftijdsspecifieke criminaliteitscijfers van in Nederland verblijvende Antillianen en Marokkanen*. Den Haag: WODC. ▶ https://repository.tudelft.nl/search/wodc/?q=title%3A%22Criminaliteit%2C%20leeftijd%20en%20etniciteit%22.

Junger, M. (1990). *Delinquency and ethnicity: An investigation on social factors relating to delinquency amond Moroccan, Turkish, Surinames and Dutch boys*. Deventer: Kluwer.

Kalthoff, H. (2009). Opvoedondersteuning aan migrantengezinnen schiet tekort. *JeugdenCo Kennis, 4*, 8–18. ▶ https://www.jeugdenco.nl/wp-content/uploads/17609.pdf.

Kapel, M. van, Noor, S., & Broekhuizen, J. (2018). *Vertrouwen van jongeren in instituties. Onderzoek naar het vertrouwen van jongeren in politie, onderwijs en politiek*. Utrecht: Verwey-Jonker Instituut.

Laan, A. M. van der, & Beerthuizen, M. G. C. J. (2018). *Monitor Jeugdcriminaliteit 2017. Ontwikkelingen in de geregistreerde jeugdcriminaliteit in de jaren 2000 tot 2017*. Cahier 2018-1. Den Haag: WODC.

Pels, T. (1998). *Opvoeding in Marokkaanse gezinnen in Nederland. De creatie van een nieuw bestaan*. Assen: Van Gorcum.

Pels, T. (2010). *Opvoeden in de multi-etnische stad*. Utrecht: Verwey-Jonker instituut.

Pels, T., Distelbrink, M. & Postma, L. (2009). *Opvoeding in de migratiecontext. Review van onderzoek naar de opvoeding in gezinnen van nieuwe Nederlanders*. Utrecht: Verwey-Jonker Instituut. ▶ https://www.verwey-jonker.nl/doc/multicultureel/Opvoeding%20in%20de%20Migratiecontext_2699.pdf.

Put, C. van der, Stams, G. J. J. M., Dekoviç, M., Hoeve, M., & Laan, P. van der (2014). Etnische verschillen in risicofactoren. Verschillen tussen Nederlandse, Marokkaanse, Surinaamse, Turkse en Antilliaanse jongeren in risicofactoren voor recidive. *Kind en Adolescent, 35*, 70–86. ▶ https://doi.org/10.1007/s12453-014-0012-9.

Rakt, M. van de, Weerman, F. & Need, A. (2005). Delinquent gedrag van jongens en meisjes. Het (anti)sociale kapitaal van vriendschapsrelaties. ▶http://nl.aup.nl/wosmedia/451/vol_80_no_4_-_delinquent_gedrag_van_jongens_en_meisjes.pdf.

Stevens, G., Veen, V., & Vollebergh, W. (2009). *Marokkaanse jeugddelinquenten: Een klasse apart? Onderzoek naar jongens in preventieve hechtenis met een Marokkaanse en Nederlandse achtergrond.* Den Haag: Nicis Institute.

Stevens, G., Vollebergh, W., Pels, T., & Crijnen, A. (2005). Patronen van acculturatie en probleemgedrag bij Marokkaanse jongeren in Nederland. *Nederlands Tijdschrift voor Psychologie, 60*, 163–173. ▶https://doi.org/10.1007/BF03062353.

Steketee, M., Gaag, R. van der, & Wolthuis, A. (2016). *Jeugdcriminaliteit onder migranten. Internationale vergelijking zelfrapportage en beleid migranten.* Utrecht: KIS.

Terberg, J., & Schothorst, J. (2015). *Opvoeden in migrantengezinnen. De resultaten van kwalitatief onderzoek.* Amsterdam: SCP.

Wikström, P-O, H. (2014). Crime propensity, criminogenic exposure and crime involvement in early to mid adolescence. *Monatschrift für Kriminologie ind Strafrechtsreform, 92*, 253–266. ▶http://www.pads.ac.uk/Documents/Crime_Propensity_Criminogenic_Exposure_and_Crime_Involvement.pdf.

Een ongeluk komt nooit alleen

De samenhang van delinquentie met verschillende problemen

Samenvatting

Vaak is de wet overtreden niet het enige probleem bij delinquente jongeren. Gedragsproblemen of -stoornissen als ADHD, CD en ODD komen regelmatig voor, net als verslavingsproblematiek. Jongeren die ook nog een licht verstandelijke beperking (LVB) hebben, hebben dikwijls te maken met zowel gedrags- als verslavingsproblematiek. Dat maakt voorkomen van of ingrijpen bij delinquentie nog ingewikkelder.

7.1   Normoverschrijdend en druk – 63

7.2   Ook nog verslaafd – 63

7.3   Jeugd met een licht verstandelijke beperking (LVB) – 64

7.4   Jeugd met LVB: kwetsbaar – 65

7.5   Verslavingsgevoeligheid – 66

7.6   Drie-, vier-, meervoudige problematiek ... – 67

7.7   Multiproblemen behandelen – 68

7.8   Maatwerk – 68

Literatuur – 69

© Bohn Stafleu van Loghum is een imprint van Springer Media B.V., onderdeel van Springer Nature 2019
M. van Dorp, S. Aytemur en N. Swart, *Jeugdige delinquenten*, https://doi.org/10.1007/978-90-368-1440-9_7

De juridische praktijk: het fietsslot van Baris

Een van de leukste aspecten van mijn werk vind ik de piketdiensten. Spannend, een melding dat een verdachte vastzit op het politiebureau en dat je er dan meteen op af gaat, terwijl je niet weet met wie je te maken krijgt. Mijn ervaring met de volwassenpiketten is dat er van alles tussen zit. Bij de jeugdpiketten gaat het voornamelijk om kattenkwaaddelicten. Zo krijg ik tijdens mijn jeugdpiket een melding van de 13-jarige Baris. Hij is aangehouden wegens heling van een fiets. Niet zo ernstig dus. Maar deze Baris blijkt wel een jongen die meteen mijn aandacht heeft. Hij is erg schuchter, met een lager dan gemiddeld intelligentieniveau en volgens zijn moeder snel onder de indruk van alles. Het is de eerste keer dat hij door de politie wordt aangehouden en is daar helemaal kapot van. Hij huilt en trilt over zijn hele lichaam. Zijn moeder voorspelt dat Baris door deze aanhouding misschien wel een week lang last krijgt van nachtmerries. Overigens is moeder ook erg aangedaan, dus ik moet niet alleen Baris, maar ook zijn moeder troosten.

Dat moet ik doen in de luttele dertig minuten die ik standaard krijg om een verdachte te voorzien van rechtsbijstand, voorafgaand aan het politieverhoor. Ik moet het in dat tijdsbestek voor elkaar zien te boksen om een jeugdige rustig te krijgen, zijn vertrouwen te winnen, hem juridisch te informeren over het strafbare feit, zijn rechten uit te leggen en hem te adviseren over de strategie tijdens het verhoor. Er zijn maar twee ruimtes beschikbaar in het cellencomplex, dus soms staat de volgende advocaat al te trappelen op de gang om met een andere cliënt te spreken. Heb ik nog tijd, dan test ik of de jeugdige mijn woorden begrepen heeft. Bij Baris moet ik mijn uitleg een aantal keer herhalen voordat hij mij snapt. Gelukkig wordt er tussentijds niet op de deur gebonkt dat we eruit moeten. Zoals velen met hem, weet Baris niet dat heling twee vormen kent: opzet- en schuldheling. Ik leg hem uit dat opzetheling een ernstiger variant is. Je weet dan dat een fiets gestolen is en hebt deze fiets desondanks in je bezit. In het geval van Baris is de verdenking schuldheling: vanwege de uiterlijke verschijningsvorm van de fiets (bijvoorbeeld vanwege een kapot slot), had je redelijkerwijs kunnen vermoeden dat deze fiets van een misdrijf afkomstig is – de lichte helingsvariant dus.

Baris vertelt mij dat hij de fiets van zijn vader heeft gekregen. Die kocht het rijwiel een jaar geleden op Koningsdag. Hoeveel geld zijn vader voor de fiets betaald heeft, weet hij niet. Baris snapt niet waarom hij is aangehouden. Een paar maanden geleden is hij nog door de politie gecontroleerd toen hij in de buurt rondfietste. Volgens Baris was toen gebleken dat de fiets niet was gestolen. Omdat het zadelslot stuk is, gebruikt hij het kettingslot. Hij vermoedt dat de vorige eigenaar de sleutel van zijn zadelslot was kwijtgeraakt en daarom het slot had opengebroken.

Ik adviseer Baris om de politie tijdens het verhoor precies te vertellen wat hij mij verteld heeft. Ook benadruk ik dat hij moet zeggen dat het kapotte zadelslot bij hem geen alarmbellen heeft doen rinkelen en waarom niet.

Het verhoor gaat goed en ik merk dat de politie zich bijna schaamt dat ze Baris heeft vastgezet. De huilende Baris en zijn snikkende moeder worden door de politie getroost en Baris kan direct na het verhoor met zijn moeder mee naar huis. Baris heeft die nacht en misschien ook in de nachten erna last van nachtmerries, maar juridisch gezien houdt hij geen schade over aan het verhoor.

Zijn vader voelt zich erg schuldig dat Baris is aangehouden voor zijn aankoop. Voor hem krijgt de zaak nog een staartje, want hij wordt binnenkort opgeroepen om als verdachte te worden gehoord over de fiets.

Semra Aytemur

7.1 Normoverschrijdend en druk

Als je in de krant leest over een 17-jarige die met een mes een medewerker van een tankstation heeft bedreigd, wat denk je dan? Die is gestoord? Of: tjee, die zal kampen met problemen ...

Delinquent gedrag is vaak niet het enige probleem bij jongeren die de wet overtreden. Van minderjarigen in jeugdgevangenissen heeft bijna een derde een diagnose ADHD (Attention Deficit Hyperactivity Disorder; hyperactieve aandachtstekortstoornis), aldus de meta-analyse van Young en collega's (2015). Volgens verschillende onderzoeken beginnen kinderen met ADHD eerder met delicten plegen, soms al vanaf 10 jaar. De kans op recidive bij hen is hoog. Ook blijkt uit vergelijking van verschillende onderzoeken een verband tussen de diagnose ADHD als kind en het risico om als adolescent en volwassene te worden gearresteerd, veroordeeld of vastgezet (Sibley et al. 2012; Mohr-Jensen en Steinhausen 2016).

Het verband tussen criminaliteit en ADHD wordt vaak bevestigd, net als tussen conduct disorder (CD, ernstig onaangepast, antisociaal gedrag) en criminaliteit, blijkens een analyse van 278 onderzoeken van Erskine et al. (2016). Jongens met zowel ADHD als CD plegen ook ernstiger en meer delicten.

Verder is de diagnose ODD (oppositioneel-opstandige gedragsstoornis), een 'broertje' van de agressieve gedragsstoornis CD, gerelateerd aan delinquentie. Jongens bij wie als kind de diagnose ADHD en ODD werd geconstateerd, beginnen eerder met delinquent gedrag dan andere adolescenten, en plegen meer verschillende soorten en ernstiger delicten. Jongens die als kind zowel ADHD als ODD hebben, lopen ook meer risico om als 17-jarige delicten te plegen (Sibley et al. 2012). Delinquentie bij deze adolescenten wordt geweten aan hun gebrekkige inhibitievermogen en emotieregulatie. Adolescenten die behalve ADHD of CD ook een depressie hebben, lopen een verhoogd risico om als volwassene wederom met justitie in aanraking komen.

7.2 Ook nog verslaafd

Hier houden de problemen niet mee op. Kinderen met ADHD en/of CD raken later ook vaker verslaafd aan alcohol en drugs. En drugsgebruikers en verslaafden zijn weer vaker (langdurig) crimineel. Andersom gebruiken mensen die crimineel zijn meer drugs dan wie geen delicten pleegt. De meerderheid van de jongeren in een JJI of een ISD (Inrichting voor Stelselmatige Daders, speciaal voor veelplegers) heeft een combinatie van psychiatrische en verslavingsproblemen (Popma et al. 2012).

Ruim een derde van de jongeren met een PIJ-maatregel (jeugd-tbs) in Nederland pleegt het delict terwijl hij onder invloed is van drugs. Wat overigens niet hoeft te betekenen dat hij een delict pleegt om drugsgebruik te financieren. Drugsgebruikers plegen namelijk niet alleen vermogensdelicten, maar ook geweldsdelicten (Popma et al. 2012).

Comorbiditeit, het optreden van meerdere problemen tegelijkertijd, is nog niet zo eenvoudig vast te stellen. Zo wordt bij ernstig verslaafden een psychisch achterliggend probleem gemaskeerd door het middelenmisbruik. Soms gebruiken mensen drugs als zelfmedicatie. Iemand met ADHD kan dat bijvoorbeeld doen om zich minder opgejaagd te voelen.

Comorbiditeit is bovendien een probleem bij behandelingen. Zo wil de geestelijke gezondheidszorg (GGZ) vaak geen verslaafden behandelen voor hun psychische problemen voordat ze zijn afgekickt. De verslavingszorg ziet psychische problematiek juist als contra-indicatie voor hun behandeling. De aanpak van problemen wordt daarmee ingewikkeld.

7.3 Jeugd met een licht verstandelijke beperking (LVB)

Een ander bijkomend probleem met een bijzondere status is een licht verstandelijke beperking (LVB). Volwassenen en jongeren met een LVB hebben een lager IQ dan gemiddeld, namelijk onder de 85. Ze worstelen ook met aanpassingsproblemen, wat inhoudt dat ze moeite hebben met relaties aangaan en in stand houden en met sociale interacties interpreteren. Waar een verslaving behandeld kan worden, gaat een LVB niet over. En je kunt het niet 'dempen' of bijsturen met bijvoorbeeld medicatie (▶ kader Wat is een LVB?).

Tussen een LVB hebben en delinquent gedrag is een verband. Hoe lager het IQ, des te groter is de kans dat iemand antisociaal of crimineel gedrag laat zien. De schattingen lopen uiteen: tussen de 15 en 60 % van de delinquenten zou een licht verstandelijke beperking hebben. Met name in de zware criminaliteit zijn jongeren met een LVB oververtegenwoordigd, zoals in de Top 600 van Amsterdamse jonge criminelen. Deze door de gemeente Amsterdam geselecteerde groep van zeshonderd jongens zijn verantwoordelijk voor *high impact crimes* (HIC) als woninginbraak, straatroof en overvallen (Drost et al. 2016). In justitiële jeugdinrichtingen (JJI's) heeft drie op de tien jongeren een LVB, van de jongeren met een PIJ-maatregel (jeugd-tbs) zelfs vier op de tien (Moonen en Kaal 2017).

Hendrien Kaal, lector Licht verstandelijke beperking en jeugdcriminaliteit (Hogeschool Leiden), stelt echter dat veel onderzoek naar hoe vaak LVB voorkomt bij delinquenten, onbetrouwbaar is. 'Onderzoekers en instanties meten het allemaal net op een andere manier. Dikwijls ook registreren instellingen het IQ niet. Of ze onderzoeken het in een stressvolle setting, bijvoorbeeld net na aankomst in de gevangenis – wie zou dan niet slechter scoren? Ze gebruiken verschillende meetinstrumenten en kijken niet naar het "aanpassingsvermogen", wat ook bij een LVB hoort. Dat maakt alle uitkomsten over het voorkomen van LVB bij delinquenten dubieus. Uiteindelijk gaat het ook niet om de aantallen delinquenten. Belangrijk is in individuele casussen signaleren óf er sprake van is.'

Dat vaststellen is niet zo gemakkelijk, want jongeren met een LVB gedragen zich *streetwise*. Bovendien willen ze, als ze getest zijn, over het algemeen niet horen dat ze een verstandelijke beperking hebben. 'Als ik dat te direct benoem, zijn ze weg,' zegt Niels Giessen, al twaalf jaar jeugdreclasseerder. 'Dus heb ik het daar niet over.' Giessen werkt bij de William Schrikker Groep (WSG), een landelijke jeugdhulpinstantie gespecialiseerd in het begeleiden van licht verstandelijk beperkte jeugd en hun ouders. Jongens met LVB komen op advies van de kinderrechter bij hem terecht na of in plaats van (voorwaardelijke) detentie.

De politie heeft geen tijd om te diagnosticeren, dus komt een LVB meestal pas (vele delicten) later aan het licht. Kaal: 'Het liefst wil je dat de politie al herkent of er sprake is van een LVB. Ze zouden bijvoorbeeld kunnen doorvragen: "Wat voor werk doe je en doe je dat al lang?", in plaats van alleen te vragen of iemand werk heeft. Of: "Ga je altijd naar school en ben je wel eens blijven zitten?" in plaats informeren welke opleiding een verdachte volgt.

De antwoorden hierop zeggen meer over het functioneringsniveau en dat helpt de volgende professional die een dossier onder ogen krijgt. Om vroeger te signaleren is het een goede stap dat de Raad voor de Kinderbescherming en Halt het signaleringsinstrument SCIL (Screener voor Intelligentie en Licht Verstandelijke Beperking) invoeren.'

Als een jongere een te laag IQ heeft, is de kans op delinquentie overigens juist kleiner. Agressieve uitbarstingen worden in dat geval eerder toegeschreven aan het onvermogen om te communiceren. Zo'n jongere woont vaak in een gehandicapteninstelling met veel begeleiding. Bij een heel laag IQ wordt iemand ontoerekeningsvatbaar geacht. Over deze jongeren gaat dit hoofdstuk niet.

> **Wat is een LVB?**
> De DMS-5 spreekt van een licht verstandelijke beperking (LVB) bij een IQ tussen de 50 en 70, al vanaf de geboorte, en wanneer sprake is van aanpassingsproblemen. Dit laatste houdt in dat mensen met een LVB moeite hebben met sociale relaties en interacties. Mensen met een IQ tussen de 70 en 85 worden zwakbegaafd genoemd, maar hebben in de praktijk vanwege vergelijkbare problemen dezelfde behandeling of begeleiding nodig. Vermoedelijk heeft zo'n 15 % van de Nederlandse bevolking een IQ lager dan 85, van wie het merendeel zwakbegaafd is. Veel jongeren met een LVB hebben ook nog andere problemen, zoals middelenmisbruik, criminaliteit en psychiatrische problemen.

7.4 Jeugd met LVB: kwetsbaar

Jongeren met een LVB begrijpen vaak niet dat wat in de ene situatie geldt, ook opgaat in een andere situatie (generalisatievermogen). Ze kunnen niet goed inschatten of iets verstandig of juist is, begrijpen niet wat de ander bedoelt en kunnen slecht inschatten welke gevolgen hun handelen heeft. Dat jeugd met een LVB vaker met politie en justitie in aanraking komt, wordt daarom soms geweten aan het detectie-effect: door dommigheid worden de jongeren met LVB eerder gesnapt.

Kaal nuanceert dat effect: 'Natuurlijk heb je jongens die zich onder een auto verstoppen voor de politie en vergeten dat hun voeten eronder uitsteken. Maar onder jeugd met LVB vind je ook de berekenende types, die op eigen initiatief een inbraak plannen en vooraf bedenken of de dakgoot hen zal houden.' Onderzoek van de William Schrikker Groep (WSG), gespecialiseerd in ouders en jeugdigen met LVB, laat zien dat een derde van de jongeren met LVB een delict alleen begaat. Groepsdruk en vriendjes die hen 'gebruiken' hoeven dus niet altijd de oorzaak te zijn.

Een laag IQ maakt dat jongeren minder goed kunnen uitleggen hoe ze zich voelen. Daardoor laten ze – net als een onbegrepen peuter – vaker boos en opstandig gedrag zien dan normaalbegaafde jongeren. En ze beschikken meestal over weinig zelfcontrole en impulsbeheersing (Asscher et al. 2012). Deze vaardigheden of neurobiologische kenmerken heten overkoepelend 'executieve functies'. Elk kind ontwikkelt in de loop der jaren deze executieve vaardigheden. Bij wie dit lastig blijft, zoals jeugdigen met een LVB, zie je vaker bijvoorbeeld plotse boosheid en impulsieve reacties.

Jeugdreclasseerder Niels Giessen herkent dat: 'Heb je net een woonplek, een werkplek en financiën voor elkaar, vindt er een conflict plaats op hun werk. Deze jongens trekken dan gelijk de stekker eruit. "Ik heb schijt aan mijn baas," roepen ze en weigeren naar de werkgever terug te gaan. Met het gevolg dat het hele kaartenhuis instort: geen werk is geen geld, dus kunnen ze geen huur meer betalen. Kleine probleempjes kunnen een storm veroorzaken.' Giessen merkt dan ook dat de meesten blijvend steun nodig hebben: 'Dan kan ik ze tenminste bij de hand nemen en meenemen naar de werkgever voor een gesprek of excuus.'

Naast hun minder ontwikkelde psychosociale vaardigheden zou jeugd met LVB ook om een andere reden vaker delinquent gedrag kunnen vertonen. Het kan een gevolg zijn van hoe hun opvoeders met hen omgaan. Zo houden ouders en opvoeders bij deze jongeren meer een oogje in het zeil, terwijl zij net als 'gewone' jongeren tijdens de puberteit behoefte aan meer vrijheid hebben. Om zich af te zetten tegen ouders laten ze daarom meer delinquent gedrag zien dan andere pubers. Kinderen en jongeren met een IQ onder de 80 laten inderdaad meer agressief, externaliserend gedrag zien dan jeugd met een normaal IQ (Ruiter et al. 2007). Dat niveau blijft hoger tussen het zesde en achttiende jaar dan bij normaalbegaafde jeugdigen. Het probleemgedrag daalt in die periode wel harder dan bij normaalbegaafde jongeren, maar blijft gemiddeld genomen hoger. Dit betekent volgens de onderzoekers dat jongeren met en zonder een beperking eenzelfde ontwikkeling doormaken. Ze leren net als normaal begaafde jongeren beter hun gevoelens benoemen en omgaan met lastige situaties, al blijft dat net wat lastiger met een LVB (Ruiter et al. 2007).

7.5 Verslavingsgevoeligheid

Zoals eerder beschreven (▶ par. 7.2), is er een verband tussen verslaving en criminaliteit. En laten mensen met een LVB nu gevoelig zijn voor middelenmisbruik. Gemiddeld drie tot vijf op de tien delinquente jongeren tussen de 16 en 23 jaar oud met een LVB gebruikt drugs of alcohol (Nagel en Kea 2013). Drugs- en alcoholgebruik is aanlokkelijk, want het levert aansluiting bij andere jongeren op, iets waar het jongeren met LVB vaak aan ontbeert. 'Door dingen te doen die niet door de beugel kunnen, horen ze eindelijk bij een groep,' stelt Kaal vast. 'Daarnaast kunnen ze minder goed nadenken over de gevolgen, wat de kans op verslaving vergroot. En het is een manier om met stress om te gaan als je dingen niet begrijpt of pijn ervaart omdat je wordt gepest of uitgesloten.'

Jeugdreclasseerder Niels Giessen ziet het vele gebruik terug bij 'zijn' jongeren: 'Ze blowen bijna allemaal. Verder wordt cocaïne gebruikt, heroïne, GHB. Zijn ze niet gemotiveerd er iets aan te doen, dan wil de verslavingszorg ze liever niet behandelen, wat mijn begeleiding ook weer bemoeilijkt.'

Wie eenmaal verslaafd is, neemt eerder onbewust notie van bijvoorbeeld een flesje bier op het aanrecht, waar een ander dat biertje tussen de flessen frisdrank niet opmerkt. En verslaafd zijn maakt het nog moeilijker om dat glaasje alcohol te laten staan, omdat verslaving het reflectievermogen ondermijnt – wat toch al niet sterk ontwikkeld is bij jeugd met LVB. Deze processen spelen een nog grotere rol bij verslaafde jongeren met dan bij verslaafde jongeren zonder LVB (Duijvenbode et al. 2016).

7.6 Drie-, vier-, meervoudige problematiek ...

Wie op dit moment al met zijn ogen knippert van de multiproblematiek die dikwijls bij delinquenten speelt – houd je vast. Want ADHD en antisociale stoornissen als CD en ODD komen vaak voor bij jongvolwassen mannen met een laag opleidingsniveau (Popma et al. 2012), wat kan duiden op een lager IQ. En psychische problemen komen vaak tegelijkertijd voor met een verslaving. Dit betekent dat jongeren met een LVB extra risico lopen het criminele pad te bewandelen, al is het lastig om te zeggen of het een de *oorzaak* is van het ander.

'Daarbovenop zien we in de levensgeschiedenis van kinderen met een LVB en een criminele carrière vaak van jongs af aan opgroeimoeilijkheden,' voegt lector Hendrien Kaal toe. 'Ze hebben ouders met een verstandelijke beperking of middelenmisbruik, vader is afwezig, in het gezin vindt geweld of kindermishandeling plaats, is sprake van werkloosheid, ze gedragen zich al jong antisociaal. Naast die risicofactoren hebben ze nog iets extra's: een LVB. Dezelfde verklaringen voor delinquentie gaan op als voor andere jongeren. Deze jongeren zijn niet ánders, ze kampen alleen ook nog met die beperking.'

Jeugdreclasseerder Giessen vertelt dat zijn jongeren inderdaad zelden alleen delinquent zijn en een LVB hebben. 'Eigenlijk is er vrijwel altijd sprake van psychische stoornissen als ADHD, PDD-NOS (niet nader gespecificeerde ontwikkelingsstoornis), ASS (autismespectrumstoornis). Op zich maakt dat niet uit: je moet toch al anders met ze omgaan.'

7.7 Multiproblemen behandelen

Je zou met zulke complexe problematiek door de bomen het behandelbos niet meer zien. Als er zoveel meespeelt, zou je in feite moeten inzetten op een specifieke interventie voor jeugd met een LVB, met aandacht voor meerdere problemen tegelijkertijd. Toch bestaan er weinig effectief bewezen interventies specifiek voor delinquente jongeren met een LVB.

Nieuwe perspectieven bij terugkeer voor LVB, een behandelprogramma om recidive terug te dringen, staat niet langer in de NJi-databank voor effectieve interventies. De individuele gedragsinterventie *So Cool*, om sociale vaardigheden te verbeteren en recidive te voorkomen, wordt nog onderzocht. Bij JJI Lelystad, gespecialiseerd in LVB, wordt onder meer gewerkt met *In Control*, waar sport centraal staat, maar daarvoor is een IQ van ten minste 70 nodig. Voor geweldsdelinquenten die hun daad hebben bekend en gemotiveerd zijn voor gedragsverandering, kan hun programma *Leren van Delict* aangepast worden aan jongeren met een lager IQ dan 70. In de databank van het Nederlands Jeugdinstituut (NJi) staan ze te boek als theoretisch goed onderbouwd. Dat betekent overigens niet dat het in de praktijk echt werkt, alleen dat het in theorie zou kunnen helpen.

Uit een meta-analyse blijkt Multidimensionele Familie Therapie (MDFT) werkzaam bij delinquente adolescenten met meerdere problemen. Hun middelenmisbruik, delinquentie en antisociale gedrag (de agressieve gedragsstoornissen ODD en CD) neemt af. Hoe ernstiger de problemen, hoe meer baat de jongeren hebben bij de interventie. Ze hebben er bovendien meer profijt van dan van interventies als cognitieve gedragstherapie, groepstherapie of een combinatie daarvan (Pol et al. 2017). Voor jeugd met LVB bestaat een speciaal aangepaste module: MDFT-LVB. Alleen, zoals de naam al zegt: de familie is betrokken bij deze behandeling. Een jongere hoeft niet per se thuis te wonen, maar regelmatig contact is wel noodzakelijk. Voor delinquente jongeren in een JJI wordt dat al lastiger.

7.8 Maatwerk

Het is kortom niet precies duidelijk wat werkt. Onderzoek individueel waar het probleem precies zit, stellen onderzoekers Platje en collega's (2017) dan ook. Laat een jongere gewelddadig gedrag zien omdat hij moeite heeft met impulsbeheersing en zelfcontrole? Dan past een agressieregulatietraining. Een jongere die moeite heeft met het doorgronden van sociale situaties, heeft daar minder baat bij.

Jeugdreclasseerder Giessen past sowieso zijn manier van spreken aan. 'Ik praat langzamer, stel korte vragen, herhaal veel en vat samen. Soms gebruik ik plaatjes – pictogrammen –, al moet je bij 18-jarigen uitkijken dat ze het niet te kinderachtig vinden. Langer dan een half uur praten is zinloos – dan verslapt hun spanningsboog.'

Motiveren is de sleutel voor de ontwikkeling van ander gedrag, meent hij: 'Ik kijk naar wat een jongere wil. Wil hij kapper worden? Op zichzelf wonen? Niet in de gevangenis belanden? Dan kijken we welke stappen daarvoor nodig zijn. Ik vertel ze altijd dat iedereen wel ergens hulp bij nodig heeft. Als ik een hypotheek wil afsluiten, vraag ik toch ook advies? Als ze dat horen, zijn de meesten best ontvankelijk voor hulp.'

Motivatie voor gedragsverandering en vertrouwen in zijn begeleiding krijgt Giessen door aan te sluiten bij de belevingswereld van een jongere. 'Komen ze met hun brommertje aanscheuren, dan vertel ik dat ik er ook een heb gehad en vraag wat ze eraan hebben geknutseld. Ik ga niet gelijk zeggen dat ze een helm op moeten. Hoogstens zeg ik tussen neus en lippen door: "Je weet dat ik moet zeggen dat opvoeren niet mag, hè?"'

Als jongeren niet op komen dagen, wijt hij dat niet meteen aan ongemotiveerd gedrag. 'Meestal is het geen onwil. Ze denken gewoon niet vooruit en als een vriend opbelt, stappen ze impulsief op de fiets om bij hem te gaan chillen. Daarom WhatsApp ik altijd de dag en enkele uren van tevoren om aan onze afspraak te herinneren. Dan nog kunnen ze zomaar gevlogen zijn en de afspraak straal zijn vergeten.' Giessens praktijkervaring komt overeen met onderzoek: plannen is lastig met gebrekkige executieve functies (Platje et al. 2017).

Die echte verbinding proberen te leggen met het individu, dat is ook waar Hendrien Kaal in gelooft bij de behandeling van delinquente jongeren met een LVB. 'Onderzoek van mijn collega Jan Dirk de Jong laat zien hoe belangrijk het is dat hulpverleners deze jongeren weten te raken en een vertrouwensband creëren. Maar jongeren met een LVB zien veel verschillende hulpverleners door personeelswisselingen en doordat ze zelf worden doorgeplaatst. Soms mogen ze na detentie geen contact meer houden met een mentor met wie ze wel een klik hadden. Zonde. Deze jongeren hebben al zoveel moeite met sociale interacties, en hebben weinig of geen netwerk. Vaak is de professional het enige stabiele contact in hun leven.'

Dat beperkte netwerk is precies waarom Giessen zoveel investeert in de relatie met de jongeren. 'Soms hangt hen "maar" een week detentie boven het hoofd als ze zich niet door mij laten begeleiden. Toch kiezen ze liever voor mijn, vaak maandenlange, begeleiding dan een weekje zitten. Daar ben ik blij om. En ik ga hen natuurlijk niet uitgebreid voor hun neus houden dat ze met een week in de gevangenis van me af zijn, want ik ben blij dat ik hen zo lang nog wat kan bijleren. Na detentie is er immers geen nazorg. Dan moeten ze het helemaal alleen opknappen.'

Literatuur

Asscher, J. J., Put, C. E. van der, & Stams, G. J. J. M. (2012). Differences between juvenile offenders with and without intellectual disability in offense type and risk factors. *Research in Developmental Disabilities, 33,* 1905–1913. ▶ https://doi.org/10.1016/j.ridd.2012.05.022.

Drost, V., Haaren, P. van, & Jongebreur, W. (2016). *Mensen met een licht verstandelijke beperking in het justitiële domein. Een verkenning naar de huidige uitvoeringspraktijk. Notitie met bevindingen.* Ministerie van Veiligheid en Justitie. Verkregen van ▶ https://legacy.vgn.nl/media/5854080125532/Analyse+uitvoerings praktijk+LVB+in+justitiele+keten+-+Definitief+-+2+december+2016.pdf.

Duijvenbode, N. van, Didden, R., Nagel, J. E. L. van der, Korzilius, H. P. L. M., & Engels, R. C. M. E. (2016). Cognitive deficits in problematic drinkers with and without mild to borderline intellectual disability. *Journal of Intellectual Disabilities, 22,* 5–17. ▶ https://doi.org/10.1177/1744629516664840.

Erskine, H. E., Norman, R. E., Ferrari, A. J., Chan, G. C. K., Copeland, W. E., Whiteford, H. A., et al. (2016). Long-term outcomes of attention-deficit/hyperactivity disorder and conduct disorder: A systematic review and meta-analysis. *Journal of the American Academy of Child and Adolescent Psychiatry, 55,* 841–850. ▶ https://doi.org/10.1016/j.jaac.2016.06.016.

Mohr-Jensen, C., & Steinhausen, H. C. (2016). A meta-analysis and systematic review of the risks associated with childhood attention-deficit hyperactivity disorder on long-term outcome of arrests, convictions, and incarcerations. *Clinical Psychology Review, 48,* 32–42. ▶ https://doi.org/10.1016/j.cpr.2016.05.002.

Moonen, X., & Kaal, H. (2017). Jeugdigen en jongvolwassenen met licht verstandelijke beperkingen en criminaliteit. *Justitiële verkenningen. Themanummer Intelligentie en Criminaliteit, 43,* 9–24. ▶ https://doi.org/10.5553/JV/016758502017043006002.

Nagel, J. van der, & Kea, R. (2013). *Jonge delinquenten van 16–23 jaar met een lichte verstandelijke beperking en problematisch middelengebruik. Een verkenning op basis van literatuur en kennis van experts van de (jeugd) reclassering*. Tactus Verslavingszorg en William Schrikker Jeugdreclassering.

Platje, E., Cornet, L. J. M., & Kogel, C. H. de (2017). Intelligentie, executieve functies en licht verstandelijke beperking in justitiecontext. *Justitiële verkenningen. Themanummer Intelligentie en Criminaliteit, 43*, 49–62.
▶ https://doi.org/10.5553/JV/016758502017043006002.

Pol, T. M. van der, Hoeve, M., Noom, M. J., Stams, G. J. J. M., Doreleijers, T. A. H., Domburgh, L. van, et al. (2017). Research review: The effectiveness of multidimensional family therapy in treating adolescents with multiple behavior problems – A meta-analysis. *Journal of Child Psychology and Psychiatry, 58*, 532–545.
▶ https://doi.org/10.1111/jcpp.12685.

Popma, A., Blaauw, E., & Bijlsma, E. (2012). Psychiatrische comorbiditeit van verslaving in relatie tot criminaliteit. In E. Blaauw & H. Roozen (Red.), *Handboek forensische verslavingszorg*. Houten: Bohn Stafleu van Loghum.
▶ https://doi.org/10.1007/978-90-313-8851-6_1.

Ruiter, K. P. de, Dekker, M. C., Verhulst, F. C., & Koot, H. M. (2007). Developmental course of psychopathology in youths with and without intellectual disabilities. *Journal of Child Psychology and Psychiatry, 48*, 498–507.
▶ https://doi.org/10.1111/j.1469-7610.2006.01712.x.

Sibley, M. H., Pelham, W. E., Brooke, S. G. M., Gnagy, E. M., Waschbusch, D., Biswas, A., et al. (2012). The delinquency outcomes of boys with ADHD with and without comorbidity. *Journal of Abnormal Child Psychology, 39*, 21–32. ▶ https://doi.org/10.1007/s10802-010-99443-9.

Young, S., Moss, D., Sedgwick, O., Fridman, M., & Hodgkins, P. A. (2015). A meta-analysis of the prevalence of attention deficit hyperactivity disorder in incarcerated populations. *Psychological Medicine, 45*, 247–258.
▶ https://doi.org/10.1017/S0033291714000762.

Die 22-jarige is eigenlijk 16

Adolescentenstrafrecht

Samenvatting
In 2014 valt eindelijk het besluit. Het adolescentenstrafrecht (ASR) wordt ingevoerd. Deze wetgeving benadrukt dat delinquente 16- en 17-jarigen als volwassene berecht kunnen worden. Tegelijkertijd laat het ASR ruimte om adolescenten tussen de 18 en 23 jaar een straf of maatregel uit het jeugdrecht op te leggen: hulpverlening, al dan niet in combinatie met een (voorwaardelijke) straf. Pakt het ASR nu voordeliger uit voor jongeren of niet?

8.1 Adolescentenstrafrecht: niet nieuw, wel anders – 73

8.2 Tijd rijp voor ASR – 74

8.3 De advocaat: pleiten voor ASR – 76

8.4 De rechter: oordelen tot ASR – 78

8.5 ASR: minder toegepast dan gehoopt – 78

8.6 Beter af met ASR – 79

Literatuur – 80

© Bohn Stafleu van Loghum is een imprint van Springer Media B.V., onderdeel van Springer Nature 2019
M. van Dorp, S. Aytemur en N. Swart, *Jeugdige delinquenten*, https://doi.org/10.1007/978-90-368-1440-9_8

De juridische praktijk: volwassen als je vader bent

Een cliënt van mij, Vincent (18), was aangehouden omdat hij een jongen had gestoken met een schaar. De jongen was hierdoor overleden. Toen de recherche mij hierover belde, schrok ik. Dit had ik totaal niet van hem verwacht. Vincent is een aardige, introverte jongen. Hij was een keer veroordeeld voor heling van een fiets en had vervolgens zijn leven gebeterd met hulp van de jeugdreclassering.

Op het politiebureau trof ik een huilende Vincent aan. Hij had net gehoord dat de jongen die hij had aangevallen, was overleden. Dat was absoluut niet zijn bedoeling. Hij vertelde mij dat de jongen die hij had gestoken, zijn broertje pestte. Ook had de jongen zijn broertje een keer geslagen. Op de bewuste middag was het weer raak. Zijn broertje belde huilend op dat hij weer was geslagen. Toen Vincent de jongen daarna bij hem op school zag lopen, rende hij een lokaal in, pakte een schaar en stormde daarmee op de jongen af. 'Die jongen moest stoppen, want hij maakte mijn broertje langzaam kapot,' vertelde hij mij. Het ergste vond hij, dat hij zijn pasgeboren dochter niet meer kon zien door de straf die hij ongetwijfeld zou moeten uitzitten.

Vincent maakt een veel jongere indruk dan zijn 18 jaar. Hij gaat naar school en woont nog bij zijn vader. Hij krijgt nog begeleiding van de jeugdreclassering voor het vorige delict dat hij heeft gepleegd. Vincent is bij uitstek iemand die, ondanks zijn meerderjarigheid, nog thuishoort in het jeugdstrafrecht. Ik wil dat Vincent naar een jeugdinrichting gaat en niet naar een gevangenis voor volwassenen. Ik verzoek de officier van justitie daarom om toepassing van het jeugdstrafrecht. Dat kan sinds op 1 april 2014 het adolescentenstrafrecht in werking is getreden. Jongeren tussen de 18 en 23 jaar kunnen nu volgens het jeugdstrafrecht worden berecht als zij gebaat zijn bij meer dan alleen maar hun straf uitzitten. Zij krijgen pedagogische ondersteuning, bijvoorbeeld begeleiding bij gedragsverandering.

Vlak na de aanhouding van een jongvolwassene beoordeelt een gedragskundige of toepassing van jeugdstrafrecht wenselijk is. De officier van justitie is het niet direct met mij eens. Vincent pleegde immers een zeer ernstig feit. Zij geeft wel opdracht aan een psychiater om Vincent te onderzoeken en te adviseren over toepassing van het jeugdstrafrecht.

Intussen zit Vincent in een gevangenis voor volwassenen. De eerste keer dat ik hem in daar bezoek, heeft hij een nieuw kapsel. Zijn krulletjes zijn eraf geknipt en zijn haar is opgeschoren. 'De andere jongens in de gevangenis hebben ook zo'n kapsel,' vertelt hij. Hij heeft met de psychiater gesproken. Die zal, denkt hij, niet adviseren om het jeugdstrafrecht toe te passen. De psychiater benadrukte in het gesprek namelijk meerdere keren dat Vincent 'toch al vader van een dochter was'. Ik heb het advies van de psychiater nog niet ontvangen.

Intussen vraag ik me twee dingen af. Maakt Vincents vaderschap hem volwassener? Ze zeggen weleens dat tienerouders in één keer volwassen worden na de geboorte van een kind. Maar is dat wel altijd zo? De (even jonge) vriendin van Vincent woont met hun dochter bij haar moeder. Van een gezinsleven is (nog) niet echt sprake. Volgens mij heeft Vincent geen idee wat de verantwoordelijkheid voor een kind inhoudt.

> Daarnaast vraag ik me af of de ernst van het gepleegde feit mag meespelen bij de beslissing of jeugdstrafrecht wordt toegepast. Als Vincent volgens het jeugdstrafrecht wordt berecht, kan hij maximaal twee jaar jeugddetentie krijgen. Bij een berechting volgens het volwassen strafrecht is een gevangenisstraf van twaalf tot vijftien jaar niet ondenkbaar. Dat is nogal een verschil. Ik denk dat veel mensen twee jaar een te lage straf zullen vinden, maar als Vincents ontwikkeling gelijk gesteld kan worden aan die van een 16-jarige, dient hij toch – ongeacht waarvan hij wordt verdacht – als een 16-jarige te worden berecht? Volgens mij is dat juist de bedoeling van het adolescentenstrafrecht.
> Met spanning wacht ik het advies van de psychiater en de beslissing van de officier van justitie af. Ondertussen hoop ik dat Vincent alleen de kapsels van zijn medegedetineerden imiteert.
> *Nienke Swart*

8.1 Adolescentenstrafrecht: niet nieuw, wel anders

Met het invoeren van het adolescentenstrafrecht (ASR) in 2014 kunnen meerderjarige daders tot 23 jaar worden berecht volgens het jeugdstrafrecht in plaats van het volwassenstrafrecht (▶ kader Wat is adolescentenstrafrecht?). Het adolescentenstrafrecht lijkt een ontwikkeling van nu, maar dat is schijn. In het Wetboek van Strafrecht dat in 1886 wordt ingevoerd, staat dat kinderen vanaf 10 jaar strafrechtelijk vervolgd kunnen worden. Het idee is dat ze voor die tijd nog geen inzicht hebben in goed en kwaad. Bij 10- tot 16-jarigen moet de rechter beoordelen of een kind toerekeningsvatbaar is. Begrijpt de jeugdige voldoende wat zijn daad voor gevolgen heeft, dan werd een tiener berecht volgens het commune (volwassen) strafrecht, al verminderde de maximale straf met een derde.

Begin 1900 verschuift de strafrechtelijke bovengrens van 16 naar 18 jaar, en verdwijnt het 'oordeel des onderscheids,' het oordeel dat de rechter moet vellen over het begripsvermogen van kinderen. Maar in die tijd is er al discussie of een 16-jarige altijd minder goed snapt wat zijn daad inhoudt dan een 18-jarige. Daarom wordt het mogelijk gemaakt om 16- en 17-jarigen volgens het volwassenstrafrecht te berechten als de 'persoonlijkheid' van de dader daartoe aanleiding geeft.

In de jaren vijftig van de vorige eeuw gaan er stemmen op voor een speciale aanpak van tieners en begin twintigers. De ondergrens van het jeugdrecht wordt verschoven naar 12 jaar, en voor het berechten van 16- en 17-jarigen als volwassene moet de rechter niet langer alleen de persoonlijkheid meewegen, maar ook kijken naar de ernst van het delict. En de rechter mag ook het jeugdstrafrecht bij 18- tot 20-jarigen toepassen als hij oordeelt dat hun ontwikkeling gelijk is aan die van minderjarigen. Samenvattend spelen discussies over de leeftijdsgrens en toerekeningsvatbaarheid naar de ontwikkelingsfase al lang, en verschillen de leeftijdsgrenzen niet bijster van die van nu.

Het duurt echter decennia voordat het adolescentenstrafrecht als zodanig voet aan de grond krijgt. Leegstromende justitiële jeugdinrichtingen (JJI's), politieke wind mee en wetenschappelijke inzichten over het 'puberbrein' – waarover later meer – zorgden ervoor dat het

ASR na veel gesteggel uiteindelijk in 2014 wordt ingevoerd. Het ASR houdt in dat volwassenstrafrecht wordt toegepast, tenzij er redenen zijn om het jeugdrecht toe te passen. Eigenlijk is er niet zoveel veranderd. Rechters mogen sinds 1965 al bij uitzondering minderjarigen als volwassene berechten en meerderjarigen tot 21 jaar als jeugdige.

Nieuw is dat nu ook 21- en 22-jarigen als jeugdige bestraft kunnen worden. Ook nieuw, en omstreden, is dat de PIJ-maatregel (jeugd-tbs) (▶ kader Wat is een PIJ-maatregel? in ▶ par. 8.2) kan worden omgezet in volwassen-tbs. Heftig, want volwassen-tbs kan levenslang worden, waardoor iemand door een jeugddelict uiteindelijk in de longstay kan belanden. PIJ kan, door verlengen, al tot zeven jaar duren.

> **Wat is adolescentenstrafrecht?**
> Het adolescentenstrafrecht (ASR) is van toepassing op adolescenten van 16 tot 23 jaar en heeft als uitgangspunt pedagogisch bijsturen. Het betekent dat minderjarige verdachten ook volgens het volwassenstrafrecht kunnen worden vervolgd, en jongvolwassen verdachten volgens het jeugdstrafrecht. Deze wetswijziging ging in 2014 in.
> De wetswijziging houdt ook in dat jeugd-tbs kan worden omgezet in volwassenen-tbs – die in principe levenslang kan duren. Tegelijk is gewijzigd dat de rechter jongeren na een ernstig geweldsmisdrijf of zedendelict niet meer alleen een taakstraf mag opleggen, maar tevens een (voorwaardelijke) jeugddetentie moet opleggen. Verder kan sinds het invoeren van ASR jongeren vanaf 12 jaar ook het dragen van een enkelband (elektronisch toezicht) worden opgelegd.
> Discussies over toerekeningsvatbaarheid en ontwikkeling van jeugdigen kunnen tot aanpassingen in de wet leiden. Door recent wetenschappelijk onderzoek is intussen bekend dat de hersenen nog langer doorgroeien dan 23 jaar. Mogelijk heeft dit op termijn gevolgen voor de leeftijdsgrens van ASR. Verder gaan er stemmen op om de minimumleeftijd voor het jeugdstrafrecht te verhogen van 12 naar 14 jaar.

8.2 Tijd rijp voor ASR

Hoe kan het dat na zoveel tijd, uitstel en discussie in 2014 toch de tijd rijp is voor het adolescentenstrafrecht? Een aantal ontwikkelingen geeft daartoe aanleiding, zoals eerder genoemd de lege plekken in de JJI's, de veranderde opvattingen in de politiek en nieuwe kennis over het puberbrein. De lege plekken in JJI's worden onder meer veroorzaakt door de oprichting van de gesloten jeugdzorg of Jeugdzorg-plus in 2010. Voor jongeren met een civielrechtelijke maatregel is het beter, vindt de overheid, om niet in de gevangenis maar in een behandelsetting te verblijven. Zo'n civiele maatregel is bijvoorbeeld de ondertoezichtstelling (OTS). Het gezag van ouders wordt dan beperkt omdat de thuissituatie voor opvoed- en opgroeiproblemen zorgt. De ouders krijgen ondersteuning van de gezinsvoogd in dienst van een gecertificeerde instelling.

De machtiging uithuisplaatsing (UHP) en machtiging gesloten jeugdhulp zijn andere civiele maatregelen om kinderen te beschermen tegen een ongunstige omgeving. Deze maatregelen kunnen worden ingezet wanneer kinderen niet bereikbaar zijn voor lichtere vormen van jeugdhulp en daardoor een gevaar vormen voor zichzelf of hun omgeving. Deze jongeren belanden dus niet langer in de jeugdgevangenis. Overigens betekent dit dat jongeren die *niet* zijn opgepakt en veroordeeld, maar wel delicten hebben gepleegd, op advies van de jeugdbescherming en als de rechter daartoe besluit, óók terechtkomen in een gesloten jeugdzorginstelling. En als ze wel zijn opgepakt voor een strafbaar feit, besluit de rechter op verzoek van jeugdzorg regelmatig dat een civielrechtelijke aanpak beter past en belandt een jongere ook niet in een JJI, maar in gesloten jeugdzorg. Hulpverleners zien dus dikwijls dezelfde soort jongeren, met vergelijkbare problemen in een gesloten jeugdzorginstelling als in de justitiële jeugdinrichting (JJI).

Verder ontstaan de lege plekken in JJI's door dalende criminaliteit in het algemeen en het toepassen van alternatieve straffen voor detentie, zoals een leerstraf bij Halt (waarin een jongere onder meer leert reflecteren op zijn gedrag) of een taakstraf.

Politiek gezien brengen onder meer voormalig staatssecretaris Fred Teeven en minister van Justitie Ivo Opstelten (beiden VVD) vanaf 2010 in dat jongeren die veelvuldig over de schreef gaan, harder aangepakt moeten worden. Deze uitspraak is in lijn met het toenmalige regeerakkoord 'Vrijheid en Verantwoordelijkheid' tussen CDA en VVD. Ook is er veel media-aandacht voor 'strenger straffen en harder aanpakken' van volhardende minderjarige en jongvolwassen daders.

Daarnaast wordt onderzoekers steeds duidelijker dat de hersengebieden voor planning en controle nog onvoldoende ontwikkeld zijn bij adolescenten, terwijl het 'beloningscentrum' juist erg gevoelig is. Enerzijds maakt dat het ontwikkelende brein gevoelig voor spanning en het plezier dat risicogedrag oplevert. Anderzijds is de verwachting dat het rijpende brein positiever reageert op een pedagogische behandeling of therapie dan op kale straf. Het adolescentenstrafrecht helpt de aandacht richten op pedagogisch bijsturen, al dan niet naast een (voorwaardelijke) straf. Verder kan het voor meerderjarigen tot 23 jaar met een licht verstandelijke beperking (LVB) minder toepasselijk zijn om bijvoorbeeld detentie op te leggen, en kunnen ze meer bijleren over gewenst gedrag met een behandeling.

Zo is de tijd eindelijk rijp voor een wetswijziging. Nieuw is het idee van ASR samengevat dus niet, al verschilt de uitwerking enigszins van eerdere ideeën. In ieder geval maakt het bestaan van (de term) adolescentenstrafrecht explicieter dat rechters de ontwikkeling van een delinquent kunnen meewegen.

> **Wat is een PIJ-maatregel?**
> Een PIJ-maatregel is bedoeld om jeugdigen te behandelen en te heropvoeden. Het kan bestaan uit een behandeling in een gesloten jeugdzorginstelling of uit een combinatie van jeugddetentie met intensieve begeleiding. Plaatsing in een Inrichting voor Jeugdigen (PIJ) staat ook wel bekend als jeugd-tbs en kan worden opgelegd aan jeugd van 12 tot 23 jaar die voldoet aan drie criteria:
> - de jeugdige heeft een misdrijf gepleegd waarop een gevangenisstraf van vier jaar of meer staat;
> - de veiligheid van de samenleving is in het geding; en
> - de maatregel draagt waarschijnlijk bij aan een positieve ontwikkeling van de jeugdige.
>
> De rechter kan tot de maatregel besluiten wanneer detentie in een justitiële jeugdinrichting (JJI) niet voldoende lijkt om herhaling van het misdrijf te voorkomen. Dit kan het geval zijn wanneer uit het persoonlijkheidsonderzoek van de psycholoog of psychiater blijkt dat er sprake is van een psychiatrische stoornis of gedragsstoornis.

> Een PIJ-maatregel duurt drie jaar en kan met twee jaar verlengd worden tot maximaal zeven jaar. PIJ kan sinds het invoeren van het adolescentenstrafrecht in 2014 worden omgezet in volwassen-tbs. Bij jeugd ouder dan 16 jaar kan de rechter besluiten meteen volwassen-tbs op te leggen.
> Tijdens de PIJ krijgt een jongere proefverlof als hij goed gedrag laat zien. Gedurende de behandeling kan verder worden besloten dat de PIJ-maatregel van kracht blijft, maar dat de jongere niet langer in een gesloten instelling hoeft te blijven en thuis of ergens anders mag wonen, bijvoorbeeld om een opleiding te volgen. De meeste jongeren plegen na een PIJ geen vergelijkbaar ernstig misdrijf meer, wel vaak andere delicten. Het aantal PIJ-maatregelen dat opgelegd wordt, daalt.

8.3 De advocaat: pleiten voor ASR

Voor cliënten onder de 24 jaar bepleit strafrechtadvocate Semra Aytemur altijd voor toepassing van het adolescentenstrafrecht. 'Volwassenstrafrecht is nooit gunstig voor de cliënt. Binnen het jeugdrecht kun je bijvoorbeeld voor moord maximaal twee jaar detentie krijgen, binnen het volwassenstrafrecht dertig jaar.'

Dat de officier van justitie van het Openbaar Ministerie namens de samenleving wél regelmatig vraagt om berechting volgens het volwassenstrafrecht, hoort bij het spel. 'De tegenpartij vraagt het maximale, als belangenbehartiger vraag ik het minimale. Zo houdt het systeem elkaar in balans. Mijn taak is zorgen voor de cliënt. De tegenpartij weegt ook genoegdoening naar het slachtoffer en veiligheid van de samenleving mee in zijn eis.'

'Ik bepleit trouwens niet altijd minder straf, soms wel een andere straf. Zo adviseerde de Raad voor de Kinderbescherming (RvdK) de rechter om een leerstraf op te leggen bij een cliënt. Maar mijn cliënt was geen prater. Hij wilde liever papiertjes prikken op de kinderboerderij. Als iemand niet wil praten, heeft een leerstraf met gesprekken over je daad weinig zin.'

Aytemur vervolgt: 'Het is belangrijk om te begrijpen waarom een jongere liever een taakstraf of zelfs detentie wil dan een leerstraf. Zo wilde een cliënt insteken op detentie. Mij leek dat erg zwaar en niet in zijn belang nu hij voor het eerst van zijn leven met justitie in aanraking kwam. Tot bleek dat hij een flinke som geld van zijn gewelddadige broer had vergokt. Met detentie wilde hij voorkomen dat hij in elkaar werd geslagen …'

8.3 · De advocaat: pleiten voor ASR

8.4 De rechter: oordelen tot ASR

De rechter weegt voor het toepassen van ASR drie criteria af: de ernst van het begane feit, de persoonlijkheid van de dader en de omstandigheden waaronder het feit is gepleegd, zoals of er sprake was van groepsdruk. 'Een belangrijke vraag is of een adolescent nog ontvankelijk is voor bijsturing,' vertelt rechter Rein Odink van de rechtbank Amsterdam, tevens voorzitter van een werkgroep Kinderbejegening in het recht en voormalig kinderrechter. 'De ernst van het delict weeg ik maar voor een deel mee bij de beoordeling of adolescentenstrafrecht van toepassing is. De neiging is om bij een heftig feit, via het commune (volwassen)strafrecht, harder te straffen. Maar het is niet gezegd dat dat ook het juiste effect heeft.'

Afwegen of pedagogische bijsturing nuttig is (en dus beter het jeugdstrafrecht ingezet kan worden), gebeurt op basis van verschillende indicatoren. Zo spelen bijvoorbeeld sociaal-emotionele vaardigheden mee, zoals of een jongere groepsdruk kan weerstaan en kan reflecteren op zijn handelen. Verder moet onderzoek uitwijzen of scholing en/of verblijf in een (andere) gezinssituatie verandering bij de jongere teweeg kan brengen.

Tegen het toepassen van jeugdstrafrecht kan bijvoorbeeld pleiten dat een jongere al veel vaker in aanraking met justitie of politie is geweest en lak had aan eerdere strafmaatregelen. Bij zulke jongeren maakt 'een flinke tik op de neus' meer indruk dan hulpverlening. Odink: 'Soms geef ik bij een eerste delict wel een forse straf, als ik inschat dat een jongere best beseft wat hij gedaan heeft en voldoende capaciteiten heeft om dat in te zien.' Ook als een jongere zijn status ontleent aan zijn criminele activiteiten, pleit dat niet voor ASR. Ten slotte kan psychiatrisch onderzoek uitwijzen dat de persoonlijkheid zo antisociaal of psychopathisch is, dat de invloed van een pedagogische aanpak gering is.

8.5 ASR: minder toegepast dan gehoopt

Het uitgangspunt van het pedagogische effect van adolescentenstrafrecht klinkt positief en passend bij jeugd in ontwikkeling. Wordt het dus massaal toegepast? Het eerste onderzoek vlak na het invoeren van het ASR, van het Wetenschappelijk Onderzoek- en Documentatiecentrum (WODC), leek veelbelovend. 'Onder 18-tot 23-jarigen is het toepassen van het ASR toegenomen,' zegt André van der Laan, senior onderzoeker bij het WODC. 'Vier keer vaker dan vóór de wetsinvoering worden meerderjarigen tot en met 23 jaar berecht volgens het jeugdrecht: een toename van 1 naar 4 %. Daarbinnen profiteren de 18- en 19-jarigen het meest van ASR.'

De 18- tot 23-jarigen krijgen vooral taakstraffen. In iets mindere mate worden onvoorwaardelijke vrijheidsstraffen en boetes opgelegd. Vergeleken met vóór het ASR worden ook meer taakstraffen opgelegd aan jongvolwassenen, met name bij geweldsdelicten, gevolgd door vermogensdelicten. In veel gevallen wordt ook nog een (voorwaardelijke) vrijheidsbeneming opgelegd (Laan et al. 2016). Delinquente 16- en 17-jarigen krijgen sinds het invoeren van ASR dikwijls een taakstraf, gevolgd door een voorwaardelijke vrijheidsstraf.

Dat klinkt als een positieve ontwikkeling, al zijn de percentages niet wereldschokkend. Van der Laan: 'Onder 21- en 22-jarigen is het aandeel verdachten dat volgens het jeugdstrafrecht wordt berecht veel minder gestegen dan gehoopt. Mogelijk doordat meerderjarigen vaker bij officieren en rechters terechtkomen die volwassenen berechten. Zij zijn minder gefocust op het ASR.'

Rechter Rein Odink vraagt zich af of de populariteit voor ASR nog steeds hoog is. 'In pilots voorafgaand aan de wetsverandering bleek één op de zeven zaken met ASR te worden berecht. Daarvoor werd van de 18- tot 20-jarigen hooguit 1 à 2 % berecht via het jeugdrecht. In de pilots groeide dat aantal tot zo'n 13 %, maar het is intussen tot een paar procent teruggezakt.'

De daling van het percentage is deels te wijten aan de nog steeds relatieve onbekendheid met de alternatieve mogelijkheden binnen het jeugdstrafrecht en met de kennis van de leeftijdgerelateerde problemen van jongeren bij commune rechters, vermoedt ook Odink. Al probeert de rechtbank Amsterdam het ASR wel in het vizier te houden. 'Bij de rechtbank Amsterdam bestaat de meervoudige kamer – drie rechters die bij complexere zaken samen tot een uitspraak komen – bij voorkeur uit twee commune rechters (die volwassenen berechten) en een kinderrechter. Jeugdrechters zijn meer gefocust op de mogelijkheid van ASR en kunnen dat eerder inbrengen.'

Maar als rechter denkt hij dat ASR toch ook minder wordt opgelegd om andere redenen. 'Je kunt op zich al veel via het volwassenrecht. Wil je een 21-jarige helpen met werk of een huis vinden om hem op het rechte pad te houden, dan is daar niet per se jeugdstrafrecht voor nodig – dat kan de volwassenreclassering via een voorwaardelijk strafdeel in beginsel ook prima. Bovendien mag een rechter ook binnen het volwassenstrafrecht doorverwijzen naar behandeling in de jeugdhulp.'

'Verder is het de vraag hoe wenselijk het is om een 22-jarige in een JJI te plaatsen op een groep met minderjarigen,' vindt Odink. 'De oudere adolescent zou de jonkies negatief kunnen beïnvloeden.' Odink is daarom blij met het initiatief van JJI Teylingereind in Sassenheim, waar een speciale 18-plussersgroep is gestart. Hij verwijst er graag adolescenten naar door.

8.6 Beter af met ASR

Wat voor soort meerderjarigen worden nu eigenlijk berecht volgens het ASR? 'Dat weten we nog niet,' vertelt André van der Laan van het WODC. 'Onderzoek naar het profiel van deze jongeren vindt momenteel plaats.' Of het pedagogisch straffen via ASR echt een gunstig effect heeft, is ook nog niet helder. 'Daarvoor moet je weten wat er was gebeurd als er geen ASR was opgelegd. Recidiveren jongeren dan vaker? Resocialiseren ze slechter: volgen ze minder vaak een opleiding, zijn ze vaker werkloos of minder ingeburgerd in hun omgeving?'

Van der Laan: 'Om te onderzoeken of adolescentenstrafrecht beter werkt, moet je ook meewegen of jongeren een ontwikkelingsachterstand hebben op het gebied van agressieregulatie bijvoorbeeld of gevoelig zijn voor negatieve beïnvloeding door hun vrienden en leeftijdgenoten. Dat is complex onderzoek. Bovendien verschilt de manier waarop deze jongeren na detentie worden begeleid. Dat heeft ook gevolgen voor recidive en dus of ASR werkt. Eerder was de jeugdreclassering landelijk geregeld, maar sinds de Jeugdwet vanaf 2015 van kracht is (▶ kader Wat is de Jeugdwet?), verschilt de jeugdreclassering per regio. Die transitie maakt vergelijken lastig.'

> **Wat is de Jeugdwet?**
> Inzet op preventie, hulp en zorg dichtbij de burger, betere samenwerking tussen ketenpartners en effectievere jeugdhulp. Om dit mogelijk te maken, moest de jeugdzorg worden gedecentraliseerd en kregen gemeenten vanaf 2015 de verantwoordelijkheid voor jeugd onder de 18 jaar en hun ouders.
>
> **Zorgplicht**
> De Jeugdwet verving de Wet op de Jeugdzorg uit 2005, toen de provincies via de bureaus jeugdzorg zorgden dat hulp bij jeugd terechtkwam. Jeugdreclassering en jeugdbescherming vallen ook onder de nieuwe wet. Verder werden ook delen van de jeugdzorg die onder de Zorgverzekeringswet en Algemene Wet Bijzondere Ziektekosten (AWBZ) vielen door de jeugdwet vervangen. Door de wet hebben gemeenten zorgplicht: ze moeten mogelijk maken dat kwetsbare jeugd en hun ouders bijvoorbeeld (ambulante) begeleiding en/of behandeling kunnen krijgen en/of gedurende korte of langere tijd in een instelling verblijven. Het invoeren van de Jeugdwet ging gepaard met forse bezuinigingen.
>
> **Kritiek**
> Uit de eerste evaluatie van de Jeugdwet, begin 2018, blijken de doelen uit de nieuwe wet nog niet gehaald. Samenwerking tussen ketenpartners komt matig tot stand, er is kritiek op het idee van marktwerking als het om kwetsbare kinderen en gezinnen gaat – jeugdzorgaanbieders schrijven zich in voor aanbestedingen en de gemeente besluit of zij tegen een bepaald tarief mogen leveren – en gemeenten kampen met forse financiële tekorten op hun jeugdbudget. Ook is de vraag of er werkelijk sprake is van innovatie en transformatie, een andere belangrijke motivatie voor de veranderingen in het jeugdstelsel.

Zijn 16- en 17-jarigen nu in het nadeel door de invoering van het ASR? Zij kunnen immers als volwassene berecht worden. WODC-onderzoeker André van der Laan stelt van niet: 'Bij minder dan 1 % van de 16- en 17-jarigen wordt volwassenstrafrecht toegepast. Waarschijnlijk waren deze jongeren ook relatief zwaarder gestraft vóór de invoering van ASR. Rechters hadden immers ook toen al de mogelijkheid om een uitzondering te maken bij zwaardere vergrijpen van minderjarigen.' Alleen levenslang gevangenisstraf opleggen kan niet bij minderjarigen. Als het jeugdstrafrecht wordt toegepast is twee jaar detentie het maximum. Al vormt de uitvlucht hierbij het eerder genoemde omzetten van jeugd-tbs in volwassenen-tbs.

Of het ASR helpt voorkomen dat jongeren opnieuw de fout in gaan, is dus nog niet helder. Rechter Odink: 'Ik laat me adviseren door de onderzoeken van de reclassering, het NIFP (Nederlands Instituut voor Forensische Psychiatrie en Psychologie), soms het Pieter Baan Centrum. Je ontwikkelt enig gevoel voor wat voor vlees je in de kuip hebt en wat werkt tegen recidive, maar er is geen algemene deler van toepassing. Ook wat er op dat moment nog in de levens van jongeren gebeurt, heeft zijn invloed. Recidive kun je nooit helemaal voorkomen.'

Literatuur

Laan, A. M. van der, Beerthuizen, M. G. J. C., Barendregt, C. S., & Beijersbergen, K. A. (2016). *Adolescentenstrafrecht. Beleidstheorie en eerste empirische bevindingen*. Den Haag: Boom. Retrieved from ▶ https://www.wodc.nl/binaries/O%26B317_Samenvatting_tcm28-182590.pdf.

Ik zeg niets en ontken alles

Over zwijgen, ontkennen en excuses maken

Samenvatting
Verdachten hebben het recht om te zwijgen. Leidt zwijgen ook tot minder of geen straf? Over wat niets willen vertellen zegt over verdachte jongeren en wat (deels) bekennen, ontkennen of juist zwijgen betekent voor hun gevoelens van schuld en spijt.

9.1 Zwijgrecht – 83

9.2 Hij kan niet anders – 83

9.3 Schuld en schaamte – 84

9.4 Moreel redeneren en het geweten – 85

9.5 Empathie – 86

9.6 Empathisch én berekenend – 88

9.7 Goedpraten – 88

9.8 Persoonlijkheidsonderzoeken – 89

9.9 Zo krijg je ze aan het praten – 89

9.10 Straf bij zwijgen volgens onderzoek – 90

9.11 Straf bij zwijgen in de rechtszaal – 91

9.12 Ik heb het tóch gedaan! – 91

Literatuur – 92

© Bohn Stafleu van Loghum is een imprint van Springer Media B.V., onderdeel van Springer Nature 2019
M. van Dorp, S. Aytemur en N. Swart, *Jeugdige delinquenten*, https://doi.org/10.1007/978-90-368-1440-9_9

De juridische praktijk: spreken is zilver

'Waarom zou je je mond houden als je toch niets te verbergen hebt? Dit is je kans om jouw kant van het verhaal te vertellen. De rechter kan geen rekening houden met jouw versie van het verhaal als je blijft zwijgen. Die zal ook denken: wat vreemd dat hij niets zegt. Is het jouw eigen mening om te zwijgen of heeft je advocaat het geadviseerd? Mij lijkt het niet zo'n handige keus namelijk. Wil je soms even met je advocaat overleggen?'

Dit zijn vragen die de politie zonder schroom aan een minderjarige stelt als hij is aangehouden en weigert te praten. Standaardvragen, durf ik bijna wel te stellen. Mijn minderjarige cliënt moet wel van heel goeden huize komen om na dit spervuur nog steeds zijn mond te blijven houden.

Kwalijker is dat de politie erg suggestieve opmerkingen maakt. Ze doet voorkomen alsof de verdachte maar één kans heeft om zijn verhaal te vertellen. Dat is klinkklare nonsens. Als een verdachte wordt vervolgd en bij de kinderrechter moet komen, kan hij ook daar uitleggen wat er volgens hem is gebeurd. En zo ver hoeft het niet eens te komen. Als na het politieonderzoek blijkt dat er onvoldoende bewijs is, wordt de zaak geseponeerd (de verdachte wordt dan niet vervolgd).

Verder suggereert de politie dat het advies van de advocaat om zich op zwijgrecht te beroepen, geen goed advies is. Alsof de politie het beter met de verdachte voorheeft dan zijn advocaat. De politie weet dondersgoed dat ze alleen maar bezig is bewijs omtrent de verdachte te verzamelen, terwijl de advocaat als enige taak heeft om de belangen van zijn cliënt te behartigen. Toch probeert de politie, door druk uit te oefenen, een minderjarige zover te krijgen dat hij zichzelf gaat belasten door een bekennende verklaring af te leggen. Zo stond ik onlangs Mimoun bij, een 16-jarige jongen die verdacht werd van poging tot inbraak in een auto. Ik hoorde zijn verhaal aan en kwam tot de conclusie dat de politie mogelijk onvoldoende bewijs tegen hem had. Mimoun was niet aangehouden bij de plaats delict en toen hij de autoruit brak, was er niemand die hem gezien kon hebben. In die situatie zou ik een slechte advocaat zijn als ik Mimoun zou adviseren om te bekennen. Daarmee zou hij bewijs tegen zichzelf creëren, terwijl de mogelijkheid bestond dat hij werd vrijgesproken bij gebrek aan bewijs. Natuurlijk begrijp ik wel dat het pedagogische effect van de strafvervolging wordt weggenomen als de minderjarige gebruikmaakt van zijn zwijgrecht, maar het is mijn taak om de verdachte te helpen met een zo gunstig mogelijke uitkomst. Daarom heb ik Mimoun geadviseerd om te zwijgen. En hoewel het zijn eerste keer was, deed hij het ontzettend goed en hield stug zijn mond.

Bij mijn zwijgadvies speelt een belangrijke rol dat ik als advocaat geen beschikking heb over het strafdossier zolang er nog geen vervolgingsbeslissing is genomen. Die krijg ik pas als Mimoun wel voor de kinderrechter zou moeten komen. Mocht later uit het dossier blijken dat Mimoun wel betrokken is geweest bij de poging tot inbraak, dan heeft het natuurlijk weinig zin om Mimoun bij de kinderrechter opnieuw te laten zwijgen. Dan zal ik Mimoun aanraden eerlijk te vertellen wat er is gebeurd en wordt het pedagogisch effect van het jeugdstrafrecht toch nog gediend. In de tussentijd hoop ik echter dat de zaak niet voorkomt wegens gebrek aan bewijs, zodat Mimoun geen strafblad krijgt.

En Mimoun zelf? Die is zich al rot geschrokken van zijn aanhouding en de nacht die hij in de cel heeft moeten doorbrengen. Ook heeft hij straf van zijn ouders gekregen. Hij zal zich echt wel een tweede keer bedenken voordat hij nog eens zoiets stoms doet.

Semra Aytemur

9.1 Zwijgrecht

'Ik wil niets verklaren. Dat wordt tegen je gebruikt. Op elke vraag die de politie of de rechter me stelt, antwoord ik altijd: "Weet ik niet",' vertelt Noureddine[1] (22). Noureddine zat vanaf zijn 14e af en aan in een justitiële jeugdinrichting (JJI) en tot voor kort twee jaar in volwassendetentie. Waarvoor hij precies vastzat, wil hij niet vertellen, wel dat zijn delicten iets met geweld, straatroof en stelen te maken hebben. Bij elke voorgeleiding beroept hij zich op zijn recht om te zwijgen gedurende het strafproces.

Iets minder dan de helft van de jeugdige verdachten in Nederland beroept zich net als Noureddine op het zwijgrecht of ontkent bij de politie, voorgeleiding of zitting bij de rechter(s) elke betrokkenheid bij het strafbare feit waarvan ze worden verdacht. Een kwart van de jeugdige verdachten bekent schuld. Ruim een kwart bekent enige betrokkenheid, maar beroept zich vervolgens op het zwijgrecht of ontkent tegelijkertijd een deel van zijn betrokkenheid door een ander scenario te schetsen (WODC 2017).

Of verdachten zich steeds vaker op zwijgrecht beroepen is niet duidelijk, want die aantallen houdt niemand bij. 'Maar ik heb al langer gevoel dat het aantal beroepen op zwijgrecht toeneemt bij adolescenten in het jeugdstrafrecht,' zegt Isabeth Mijnarends, landelijk jeugdofficier van justitie en bijzonder hoogleraar jeugdstrafrecht aan de Universiteit Leiden. 'Met name door het invoeren van het adolescentenstrafrecht kan ik me goed voorstellen dat jongeren vaker zwijgen. Men hoopt dan op jeugddetentie in plaats van jeugd-tbs (PIJ-maatregel), want sinds het invoeren van het adolescentenstrafrecht is er de mogelijkheid dat jeugd-tbs in volwassen-tbs wordt omgezet – er staat dus veel op het spel.'

Mijnarends is niet de enige die denkt dat het aantal zwijgende verdachten stijgt. Ook hoogleraar straf- en procesrecht Lonneke Stevens (Vrije Universiteit Amsterdam) vermoedt dat steeds meer verdachten zich beroepen op het *nemo teneturbeginsel* (Dijk 2017). Dit recht, 'nemo tenetur prodere se ipsum' is opgenomen in het Europees Verdrag voor de Rechten van de Mens (EVRM) en houdt in dat niemand verplicht of gedwongen kan worden om mee te werken aan zijn eigen veroordeling. De verdachte hoeft dus geen actieve bijdrage te leveren aan het verzamelen van bewijs tegen zichzelf en mag daarom onder meer zwijgen. Dit recht vond zijn oorsprong in de weerzin tegen de martelingen in de middeleeuwen die mensen tot een bekentenis moesten dwingen. Het recht om je te beroepen op zwijgrecht is erop gebaseerd.

Advocaten adviseren cliënten te zwijgen, zeker direct na aanhouding, wanneer het bewijs nog niet duidelijk is en de advocaat nog niet over informatie beschikt over de aanklacht. In het *Advocatenblad* vertelt Stevens dat hoe eerder een verdachte een advocaat ziet na arrestatie, hoe vaker hij zwijgt tijdens politieverhoor (Dijk 2017). In het artikel vertelt een advocaat dat hij zwijgen zelfs oefent met cliënten en de trucs doorneemt die de politie gebruikt bij verhoren, zoals de '*good cop, bad cop*'-tactiek en oogcontact zoeken.

9.2 Hij kan niet anders

Albert Witting, werkzaam in het Adviesteam van de Raad voor de Kinderbescherming (RvdK) te Amsterdam, schrijft het rapport dat als richtlijn dient voor de officier van justitie of kinderrechter voor de meest passende strafmaat of behandeling. Het advies van advocaten

---

1 In werkelijkheid heet Noureddine anders.

om te zwijgen noemt Witting nadelig voor jongeren. 'Je ontneemt een jongere de kans om schoon schip te maken en de verantwoordelijkheid te nemen voor wat niet goed ging. Dat is jammer, want fouten erkennen hoort bij de ontwikkeling.'

Bovendien kan het niet alleen voor de dader, maar ook voor het slachtoffer helend zijn als de dader zijn excuses maakt. Dit kan bijvoorbeeld met een excuusbrief (bij een Halt-interventie is dat meestal onderdeel van de straf) of in een gesprek. Meer aandacht voor het slachtoffer is overgewaaid van de Maori's in Nieuw Zeeland en heet 'herstelrecht'. Het heeft naast herstel van aangerichte schade het herstellen van de verstoorde relatie als doel. Overigens is dat voor een slachtoffer alleen waardevol wanneer de dader de verantwoordelijkheid neemt voor zijn daden, anders kan een ontmoeting met de dader zelfs tot psychische schade leiden bij het slachtoffer. In Nederland mogen slachtoffers inmiddels in een strafzaak een slachtofferverklaring afleggen over de impact van het delict en hoeven ze niet alleen maar als getuige antwoord te geven op vragen.

Witting: 'Beroept een jongere zich op zwijgrecht, dan is het voor ons lastig advies te geven over welke straf en/of begeleiding een pedagogische meerwaarde kan hebben.' Zelfs al zwijgen of ontkennen minderjarigen, toch geeft de RvdK advies. 'Wil de jongere niets vertellen, ook niet over hoe het op school gaat of wat hij met vrienden onderneemt, dan vormen we ons beeld van de jongere door observatie en op basis van informatie uit het netwerk in zijn omgeving.' Hulpmiddel daarbij is het Landelijk Instrumentarium Jeugdstrafrechtketen (LIJ) voor 12- tot 18-jarigen, dat recidiverisico, beschermende factoren en risicofactoren in kaart brengt.

'Om het LIJ als taxatie-instrument te kunnen gebruiken hoeft de jongere niet te praten,' vertelt Witting. 'Het gaat om zijn houding op verschillende plekken nu en in het verleden, niet alleen om het delict. Als Raad bevragen we ouders, school en eventuele hulpverleners en kijken of hij bijvoorbeeld naar school gaat, een steunend gezin heeft, drugs gebruikt, vrienden heeft of moeite heeft met bepaalde vaardigheden of agressieregulatie.'

Soms is spreken of (deels) bekennen voor een jongere no-go-area weet Witting. 'Bijvoorbeeld omdat een jongere is opgegroeid in een schaamtecultuur. Soms kan of wil hij niet bekennen en zegt daarom niets, bijvoorbeeld uit angst voor de reactie van zijn ouders. Dat plaatst me weleens voor een dilemma, bijvoorbeeld als ik inschat dat een Halt-straf afdoende is. Bij een Halt-sanctie krijgt een jongere een leer- en/of werkstraf, wat inhoudt dat hij met een hulpverlener nadenkt over het delict, de impact ervan op de omgeving en zichzelf, en – als dat kan – sorry zegt tegen het slachtoffer. Maar voor Halt komt een jongere niet in aanmerking als hij zwijgt of ontkent. Jammer, want met een Halt-interventie krijg je geen strafblad. Met een strafblad is een Verklaring Omtrent Gedrag (VOG) krijgen ingewikkeld, en die heb je wel nodig voor bepaalde stages of werk later. Kun je niet stagelopen, dan kun je ook je opleiding niet afronden.'

9.3 Schuld en schaamte

Jongeren tussen de 12 en 27 jaar bekennen vaker dan oudere verdachten. Misschien dat oudere verdachten gepokt en gemazeld zijn in het rechtssysteem en beter inschatten wat het beste voor hen uitpakt. Het minst bekent de leeftijdscategorie 28- tot 35-jarigen. Ze ontkennen vaker dan de 36-plussers en nog veel vaker dan degenen onder de 27 jaar. Bij geweldsdelicten bekennen veel verdachte jeugdigen en volwassenen gedeeltelijk. Eén op de vijf verdachten die gedeeltelijk bekent, vertelt bij de rechter toch het hele verhaal. Van de jeugdigen en volwassenen die vanaf het eerste contact met de politie volledig ontkennen, geeft maar 4 % bij de rechter toch alles toe (Jacobs 2014).

'Bekennen en je schuldig voelen gaat vaak gepaard met schaamte,' weet Witting van de Raad voor de Kinderbescherming. 'Schaamte betekent gezichtsverlies en zorgt voor een verlaagd zelfbeeld. Dat is zo'n rotgevoel dat je naar een ander wilt wijzen of boos wordt, want dat is gemakkelijker.' Schaamte en schuldgevoelens ontstaan als het gedrag dat iemand laat zien, niet overeenkomt met zijn morele normen en waarden. Mensen willen liever niet negatief over zichzelf en hun gedrag denken, omdat dit pijnlijk is (Spruit et al. 2016).

Schuldgevoelens zorgen dat je gedragingen die schuldgevoelens oproepen, wilt vermijden en minder delinquent gedrag vertoont, blijkt uit een meta-analyse van zeventien onderzoeken (Spruit et al. 2016). Bij schaamte ligt het ingewikkelder. Schaamte kan enerzijds zorgen dat iemand delinquent gedrag vermijdt, omdat schaamte pijnlijk is en nadelig voor het zelfbeeld. Inderdaad hangt in veel onderzoeken schaamte samen met minder delinquentie. Anderzijds kan schaamte, zoals Witting in de praktijk ziet, zorgen dat iemand zich waardeloos en 'minder' voelt. Om zichzelf daartegen te beschermen, zoekt iemand de schuld elders of bij een ander en projecteert zijn boze gevoelens daarop of op diegene. Dit kan delinquent gedrag juist weer in de hand werken (Spruit et al. 2016).

Schuld en schaamte hangen beide samen met verminderde delinquentie; in alle onderzochte onderzoeken komt dat overeen. Vergeleken met schaamte hebben schuldgevoelens wel een groter effect op delinquentie: delinquentie neemt sterker af bij schuld dan bij gevoelens van schaamte. Voor het verband tussen schuld en schaamte met delinquentie maakt het niet uit van welke etniciteit of leeftijd iemand is (Spruit et al. 2016).

9.4 Moreel redeneren en het geweten

'Al is het een wettelijk recht niet aan je veroordeling mee te werken, toch willen we graag dat jongeren op de zitting vertellen over wat er is gebeurd,' zegt landelijk officier van justitie Mijnarends. 'Officieren van justitie en rechters denken dat verdachten die praten, meer inzicht hebben in wat ze hebben gedaan. En dat ze zich bewust zijn van de ontoelaatbaarheid van hun delict. We hopen dat iemand daardoor minder snel weer tot delinquentie overgaat.'

Dat rechters en officieren denken dat verdachten beter begrijpen wat ze hebben aangericht als ze praten, wordt gestaafd door onderzoek. Bij 75 van de honderd Nederlandse verdachte jongeren – die op last van de rechter werden onderzocht door psychiaters en psychologen – staat in de rapportages dat zij een gebrekkige gewetensontwikkeling hebben (Sage 2004). Dat wil in dit onderzoek zeggen dat de jongere volgens het rapport van de psychiater of psycholoog geen medelijden heeft met het slachtoffer, zich niet schaamt of zich niet schuldig voelt. Voor iets minder dan de helft van deze jongeren adviseren de psychiaters en psychologen een sanctie die aandacht besteedt aan inzicht krijgen in de gevolgen van zijn gedrag en in de gevolgen voor het slachtoffer, aan het bevorderen van empathieontwikkeling en zelf verantwoordelijkheid nemen.

Ook Noureddine kreeg een persoonlijkheidsonderzoek, al heeft hij weinig zin om te vertellen wat daaruit kwam. Ja, dat hij licht verstandelijk beperkt zou zijn, maar dat gelooft hij niet. Berouw van zijn daden heeft hij niet: 'Nee, echt niet. Ik voel dat niet. Ik zal ook nooit zeggen dat ik spijt heb. Wel vind ik van sommige delicten dat ze niet hadden mogen gebeuren. Maar dat is iets anders dan spijt hebben, vind ik.' Over het misschien wel niet zo hypothetische voorbeeld dat hij de vriend van een meisje in elkaar slaat, en het meisje zou gaan huilen, zegt hij: 'Dat zou ik wel sneu vinden voor haar, maar niet voor die gast.'

Voor gevoelens van spijt is de ontwikkeling van het geweten van belang, wat samenhangt met leren moreel te redeneren of oordelen. Dat gaat om de redenen die iemand geeft voor beslissingen of waarden met betrekking tot goed en eerlijk gedrag. Psycholoog Lawrence Kohlberg bedacht eind jaren zestig van de vorige eeuw hoe morele ontwikkeling in fases verloopt. Zo zal een kind in de eerste fase 'goed doen' om straf te ontlopen van bijvoorbeeld de ouder of leerkracht. In de tweede fase handelt het uit eigenbelang, omdat het er iets voor terugkrijgt. Vervolgens kijkt het kind wat een ander goed vindt om goedkeuring van hen te krijgen en handelt daarnaar. Daarna kijkt het naar de groepsnorm in zijn omgeving of maatschappij. In fase vijf bepaalt iemand of dat wat hij doet, goed is voor de meeste anderen (ethisch besef).

Het hoogst haalbare tenslotte is dat de mens handelt naar het eigen geweten, los van wat anderen vinden, uit plichtsgevoel en eigen principes – een stadium waarvan wordt gezegd dat maar weinigen het bereiken. Overigens kunnen de stadia per situatie verschillen (denk aan balen van een boete voor fietsen zonder verlichting, maar wel belasting willen betalen voor collectieve zorgkosten). De kritiek op Kohlbergs fasemodel is dat het erg cognitief en rationeel is ingestoken.

9.5 Empathie

Rond de eeuwwisseling kreeg het idee van ontwikkelingspsycholoog Martin Hoffman voet aan de grond, dat voor het geweten ook de empathische ontwikkeling meespeelt: wie zich inleeft in een ander, schiet sneller te hulp. Psycholoog John Gibbs bracht deze theorie en Kohlbergs fasemodel samen in zijn veronderstelling dat voor morele ontwikkeling zowel cognitie als empathie nodig zijn.

Zo kan een delinquent als Noureddine verstandelijk inzien dat een delict niet in de haak is, zonder zich daar schuldig over te voelen, omdat hij zich niet kan inleven in gevoelens van het slachtoffer. Een cursus over hoe slachtoffers zich voelen kan dan ook passend zijn voor jongeren die de gevolgen van hun gedrag onvoldoende inzien, 'maar niet voor jongeren die de gevolgen onderkennen, maar onaangedaan zijn door het leed van het slachtoffer,' waarschuwt Leonie Le Sage in haar onderzoek (2004). Met deze onaangedane jongeren zou je rollenspellen moeten doen om de moreel-affectieve ontwikkeling te stimuleren, meent Gibbs.

Dat is precies wat pedagogisch werker Abdellaziz Akhath in de justitiële jeugdinrichting (JJI) doet waar hij werkt, en waaraan hij aandacht besteedt tijdens de individuele begeleiding die hij als buddycoach aan risicojongeren buiten detentie of ex-delinquenten biedt. 'Elke vrijdagmorgen praat ik twee uur met de jongens in de gevangenis over een actueel geweldsincident. Ik vraag ze hoe de overvaller zich tijdens en na de overval zou hebben gevoeld. En het slachtoffer. En de moeder van de dader. Over hun eigen delict willen de meeste jongens niet praten, maar hierdoor gaan ze toch nadenken.'

9.5 · Empathie

9.6 Empathisch én berekenend

Pedagogisch werker Akhath bemerkt een tegenstrijdigheid in hoe de meeste jongens aan de ene kant onverschillig staan ten opzichte van hun slachtoffers en aan de andere kant op onverwachte momenten hun inlevingsvermogen laten zien. 'Zo was er op de luchtplaats eens een vogeltje uit de boom gevallen. Al die jongens er bezorgd omheen. "Die mist zijn moeder, we moeten iets doen!" En opgelucht dat ze waren toen ze de dierenambulance mochten bellen!'

Ook Wijk en Schoenmaker (2008) ontdekten een tegenstrijdigheid in de houding van delinquenten. Bij de helft van twintig Marokkaanse veelplegers (gemiddeld 20 jaar oud) uit Den Bosch stond in het dossier 'beperkte gewetensontwikkeling' en 'beperkt inlevingsvermogen'. Dat oordeel werd mede geveld vanwege het feit dat de jongens ontkennen of zwegen over hun delict. Of dat verband er is, valt te betwijfelen volgens de onderzoekers, want in vraaggesprekken wisselt hun houding. Zo toont een jongen geen spijt of medeleven voor het ene slachtoffer, terwijl hij bij een ander delict aangeeft het zielig te vinden voor de overvallen mevrouw. De onderzoekers vragen zich af of de delinquenten werkelijk een gebrekkige gewetensontwikkeling hebben of dat hun houding slechts een pose is.

Verder suggereren de onderzoekers dat zwijgen ook een gevolg kan zijn van contact met politie en justitie. Susanne Tempel, kinderrechter bij de rechtbank Zeeland en West-Brabant, herkent dat uit de praktijk. 'Zo kwam er laatst een jongen uit een klein dorp voor in de rechtszaal, die standaard wordt aangehouden als er iets geks is gebeurd. Soms heeft hij het gedaan, soms ook niet. Dan snap ik dat hij zwijgt. Als rechter moet je je ervan bewust blijven dat zwijgen kan inhouden dat verdachten niets hebben gedaan.'

9.7 Goedpraten

Het kan ook zijn dat jongeren hun daad niet als fout gedrag erkennen of het goedpraten. Zo keek een meta-analyse van 71 onderzoeken naar de samenhang tussen beredeneren waarom een delict niet 'erg' of 'fout' is (*cognitive distortions* genoemd) en externaliserend gedrag. Daaronder viel in deze analyse agressief, delinquent en antisociaal gedrag, maar ook pesten. Wie meer geneigd is zijn daden goed te praten, laat vaker externaliserend gedrag zien, en dat verband is vrij sterk (Helmond et al. 2014). Die vlieger gaat op voor jongeren en volwassenen en staat los van etniciteit.

Goedpraten is ook 'nodig', anders voelen daders zich schuldig en gaan negatief over zichzelf denken, zoals we eerder zagen. Daders ontkennen hun verantwoordelijkheid op verschillende manieren. Ze zeggen bijvoorbeeld dat het wel meevalt met de narigheid die ze veroorzaken, nemen het standpunt in dat er geen gewonden vallen of dat het slachtoffer het heeft verdiend, dat ze het doen voor het hogere doel – de groep waartoe ze behoren – of dat het allemaal komt door de buitenwereld.

Interessant is dat er een sterkere link blijkt tussen 'goedpraten' en antisociaal en pestgedrag dan tussen 'goedpraten' en delinquent gedrag (Helmond et al. 2014). De onderzoekers vermoeden dat de 'zware jongens' het goedpraten niet nodig hebben. Hun criminele gedrag komt namelijk overeen met de normen en waarden van de criminele groep waartoe ze behoren. Minder ernstige wetsovertreders begeven zich ook nog in de maatschappij waar ze mensen tegenkomen met 'normale' sociale normen en waarden, en moeten hun antisociale gedrag dus wel verantwoorden voor zichzelf. Methodieken als EQUIP, een groepsbehandeling gebruikt in JJI's, helpen een beetje om verandering te brengen in de redeneringen van daders (Helmond et al. 2014), zoals ook te lezen is in ▶H. 10.

9.8 Persoonlijkheidsonderzoeken

Persoonlijkheidsonderzoek biedt niet altijd soelaas om erachter te komen hoe het met redeneringen over de impact van het delict, de morele ontwikkeling en het geweten staat. Vooral jongens met een niet-Nederlandse achtergrond maken het psychologen en psychiaters moeilijk om hen goed te onderzoeken. Jongeren met een Marokkaans-, Antilliaans- en Surinaams-Nederlandse afkomst verbergen vaak hun ware karakter en gedragen zich vaker manipulatief (Komen 2006).

Pedagogisch werker Akhath weet dat veel jongens zich dommer voordoen, in de hoop op strafvermindering. 'Of ze maken het onderzoek onder invloed van drugs.' Hij ziet in de JJI dat op vele toilettegels en kamermuren het woord 'omerta' is gekalkt – het woord dat Italiaanse maffia gebruiken voor geheimhoudingsplicht van maffiosi onderling en getuigen van misdrijven, zodat ze weten dat ze moeten zwijgen.

Bij zwijgende verdachten is het lastiger te ontdekken waar antisociaal en agressief gedrag vandaan komt en hoe het staat met de morele ontwikkeling, terwijl dat de rechter helpt tot de meest passende straf te komen. Landelijk officier van justitie Isabeth Mijnarends: 'Weten dat iets fout is, wil namelijk niet zeggen dat je ook vindt dat de regels op jou van toepassing zijn. Dat hoeft niet met een gebrekkig geweten te maken te hebben, maar kan liggen aan een andere interpretatie van de situatie.'

Ook wie zijn gedrag slecht kan reguleren en agressief reageert, hoeft geen gebrek aan gewetensvorming te hebben. Mijnarends denkt dat zwijgen en geen spijt betuigen bovendien niet betekent dat een jongere niet kan reflecteren. 'Van delinquenten hoor ik: "Als ik beken, krijg ik nog steeds een hogere straf!" Daaruit blijkt dat ze wel degelijk kunnen reflecteren.'

Of het ernstig is dat een jongere zwijgt, ligt ook aan de leeftijd van jongeren. Mijnarends: 'Van oudere kinderen verwacht je eerder berekenend gedrag. Zij kunnen de situatie al beter overzien. Een zwijgende 12-jarige vind ik daarom zorgelijker dan een 18-jarige die zijn mond blijft houden.'

'Jonge verdachten kunnen daarnaast, door hun onrijpe brein, vaak onvoldoende inschatten welke impact zwijgen heeft. Wat zwijgen doet met nabestaanden die je in het ongewisse laat of voor gevoelens van onveiligheid in de maatschappij. Zij denken niet verder dan zichzelf of dat ze hun maatje er niet bij willen lappen,' legt Mijnarends uit.

'Echt zorgen,' zegt kinderrechter Susanne Tempel, 'maak ik me om jongeren die in hun eigen ontkenning zijn gaan geloven. Als zij straf krijgen, ervaren ze dat als onrechtvaardig.'

9.9 Zo krijg je ze aan het praten

Daar staat dan die knul, volhardend zijn mond te houden. Irritant? 'Officieren van justitie raken daar wel gefrustreerd van. Daarom behandel ik zwijgen tijdens trainingen die ik geef,' vertelt Mijnarends. 'Mijn vraag is altijd: "Waar komt je frustratie vandaan?" Het gaat over macht, denk ik. Macht die je als officier niet hebt als het dossier niet sluitend is, en macht die de verdachte in dat geval heeft om een zaak wel of niet rond te krijgen.'

'Maar ik vind: als officieren van het Openbaar Ministerie moeten we er gewoon voor zorgen dat het dossier goed in elkaar zit en de bekentenis niet nodig is.' Een methode om iemand aan het praten te krijgen, heeft ze niet. 'Tijdens de verhoren worden verdachten best onder druk gezet. Als een verdachte blijft zwijgen, respecteer ik dat.'

Kinderrechter Tempel vindt dat de zitting wel een meer klinisch karakter krijgt. 'Ik loop het hele dossier langs en vraag telkens of hij wil reageren – wat hij dan niet doet. Als een verdachte praat, kun je in gesprek. Anders ben ik meer aan het preken. Dat heeft niet zoveel zin.'

Mogelijk trekt een meer informele setting tijdens de rechtszitting een jongere over de streep om toch te praten. In ieder geval verhoogt de participatie van jongeren als de rechtszitting plaatsheeft in een kleine ruimte met een beperkt aantal deelnemers. Dat blijkt volgens promotieonderzoek van Stephanie Rap (2013) in elf Europese landen, zoals Nederland, Zwitserland, Frankrijk en Schotland. Liefst vindt de zitting plaats aan een ronde tafel en bij voorkeur zonder toga (of pruik). Schotland en Zwitserland worden beide genoemd als goede voorbeelden van jongeren betrekken bij het rechtsproces, ook omdat wordt geïnvesteerd in uitgebreide training in gespreksvoering met jongeren.

In sommige landen berecht dezelfde rechter een jongere bij een nieuw delict. Dat is wellicht niet zo onafhankelijk, erkent Rap in haar conclusie, maar kan een pedagogisch voordeel met zich meebrengen. De jongere kent de rechter en krijgt daardoor eerder vertrouwen in hem of haar. Hij moet bij dezelfde rechter uitleg geven als het tijdens de straf mis gaat en zodoende kent de rechter de situatie van de jongere beter. Of jongeren daardoor minder vaak (blijven) zwijgen, werd niet onderzocht. Duidelijk is wel dat ze het rechtsproces beter begrijpen en een informele setting hen uitnodigt om hun eigen mening te geven.

9.10 Straf bij zwijgen volgens onderzoek

Heeft het zin om je te beroepen op zwijgrecht? Of is ontkennen beter? Of is de uitkomst gunstiger als je gedeeltelijk bekent wat je op je kerfstok hebt? Daarvoor kun je bijvoorbeeld kijken naar wanneer rechters besluiten tot schorsen van de voorlopige hechtenis. Dat wil zeggen dat je niet langer in voorarrest hoeft te zitten en in vrijheid het rechtsproces mag afwachten. Geschorste jeugdige verdachten blijken vaker (deels) te hebben bekend dan niet-geschorste verdachten. Van de geschorste jeugdige verdachten heeft 42 % (deels) bekend en van de niet-geschorste jeugdige verdachten slechts 14 %. Dit berekende het WODC op basis van 250 geanalyseerde jeugdzaken uit 2014 en 2015 (Brink et al. 2017).

Meer niet-geschorsten dan geschorsten beroepen zich op hun zwijgrecht of ontkennen schuld. Van de geschorsten en niet-geschorsten is twee op de drie verdachten al eerder met justitie in aanraking geweest. Het lijkt er dus op dat je beter (deels) kunt bekennen als je je proces in vrijheid wilt afwachten. Al mag je niet concluderen dat rechters vaker schorsen *omdat* ze zwijgen, ontkennen of bekennen: naar dat causale verband heeft het onderzoek niet gekeken.

Onderzoek naar jeugdigen en volwassenen ondersteunt de bevinding dat ontkennen loont (Jacobs 2004). Ruim de helft van de zaken waarin een verdachte ontkent, wordt door de rechter geseponeerd. Dat betekent dat de verdachte niet wordt vervolgd omdat er bijvoorbeeld gebrek aan bewijs is. Slechts een derde van de ontkenners krijgt een dagvaarding. Een dagvaarding is een oproep om bij de rechter te verschijnen vanwege een aanklacht. Verdachten kunnen beter bekennen dan *gedeeltelijk* bekennen, want bij gedeeltelijk bekennen krijgen verdachten vaker straf. Ontkennen geeft het gunstigste resultaat. Rechters seponeren de zaak dan vaker bij gebrek aan bewijs of spreken iemand vrij.

Tussen bekennen, etniciteit en leeftijd is wel verschil in de mate waarin verdachte jeugdigen en volwassenen bekennen of ontkennen. Autochtone Nederlanders en Antillianen bekennen het vaakst. Autochtonen bekennen ook meer dan verdachten van Marokkaanse afkomst en andere niet-westerse culturen. Dat de laatste twee groepen dat niet doen, wordt geweten aan mogelijke taalbarrières en aan culturele factoren, beter bekend als de 'schaamtecultuur' (Jacobs 2004).

9.11   Straf bij zwijgen in de rechtszaal

Hoogleraar Lonneke Stevens waarschuwt in haar proefschrift (2005) dat zwijgen niet per se in het voordeel van de verdachte werkt. De rechter kan zwijgen in de bewijsvoering meenemen als er voldoende belastend bewijs is om de verdachte aan te wijzigen als schuldige. Ook ontkennen, maar niet nader uitleggen hoe het alternatieve scenario eruitziet waaruit blijkt dat de verdachte niet bij het delict betrokken is, kan nadelige consequenties met zich meebrengen. De rechter kan dat laten meewegen in zijn oordeel en zelfs tot een strafverzwaring komen.

Rechter Susanne Tempel uit Zeeland en West-Brabant zegt echter dat zij niet per se zwaarder straft als iemand zwijgt: 'Je moet je aan wettelijke oriëntatiepunten houden, richtlijnen voor wat ongeveer redelijk is. De proceshouding kan en mag niet automatisch leiden tot een zwaardere straf. Wat wel invloed op mijn oordeel heeft, is wat er in het verleden al heeft gespeeld. Zwijgen betekent niet dat je *geen* straf krijgt. Is er voldoende bewijs, dan is het niet nodig dat de verdachte spreekt. Heeft zo'n jongere een strafblad, dan veroordeel ik hem eerder tot detentie dan werkstraf – hulpverlening heeft toch geen zin als hij daar niet voor openstaat.'

Tempel: 'Of ik baal als ik iemand moet vrijspreken, terwijl je allemaal aanvoelt dat dit onterecht is en de verdachte geen openheid van zaken wil geven? Nee. Ik denk altijd: er komt wel weer een kans. In mijn uitspraak besteed ik er wel aandacht aan. Ik zeg bijvoorbeeld: "We hebben geen verklaring waarom jouw DNA op de sigaret zit, die is gevonden in de tuin van de inbraak. Dat is ontzettend verdacht, en het lijkt op betrokkenheid van jou. Ik denk dat jij het geweest kan zijn, maar ik moet je vrijspreken vanwege gebrek aan bewijs. Als je het toch hebt gedaan, hoop ik dat je de nacht in de cel als straf hebt ervaren."'

'Het baart me wel zorgen als een jongere gedurende het hele proces, bij de politie, jeugdreclassering, hulpverlening en mij blijft zwijgen,' zegt Tempel. Hoe bereik ik hem nog? Wat gaat mijn straf nog voor verschil maken?'

9.12   Ik heb het tóch gedaan!

Toch bekennen is in Nederland niet erg aantrekkelijk. Wij kennen geen *plea bargain*, zoals in de Verenigde Staten, waarbij bekennen strafvermindering oplevert. Soms zorgt dat voor lastige situaties. Landelijk officier Mijnarends: 'In een zaak bekende de ene jongen en bleef zijn vriend zwijgen. De eerste jongen kreeg straf, al was het iets minder dan geëist; de ander werd vrijgesproken vanwege gebrek aan bewijs. De eerste jongen vond dat oneerlijk – en dat begrijp ik.'

Kinderrechter Tempel stelt wel dat ze bij bekennen minder straf toekent, of een deel voorwaardelijk. En ook rechter Rein Odink (▶H. 8) doet in dat geval iets van de straf af. Toch blijft het afhankelijk van welke rechter oordeelt. Mijnarends: 'Ik maakte mee dat de verdachte uiteindelijk toch opbiechtte dat hij betrokken was. Ik duidde dat als dapper en menselijk. Hoe moeilijk is het om op je verhaal terug te komen!'

'Maar de officier van justitie eiste vervolgens het maximaal aantal dagen in voorlopige hechtenis: negentig dagen. Verbouwereerd vroeg de jongen waarom. Zij vond hem berekenend, vermoedde dat hij sprak vanwege de mogelijkheid tot strafvermindering. Wat mij betreft geen goede keuze: voor de jongen voelde het alsof hij gestraft werd voor zijn bekentenis. Vergelden speelde voor haar een grotere rol dan het opvoedkundige deel. Juist dat is naar mijn mening bij jeugd niet de bedoeling.'

Noureddine zegt dat hij geen delicten meer wil plegen. Al loopt er nu nog een zaak tegen hem, zegt hij met een schuin lachje. Hielp zijn verblijf in jeugd- en volwassendetentie, ondanks dat hij bleef zwijgen en nooit heeft bekend? 'Ik heb gewoon geen zin meer in de gevolgen. Ik wil niet vastzitten en heb geen zin in gesprekken. En mijn vriendin wil dat ik buiten blijf. We krijgen over vier maanden een kindje.'

Literatuur

Brink, Y. N. van den, Wermink, H. T., Bolscher, K. G. A. Leeuwen, C. M. M. van, Bruning, M. R., & Liefaard, T. (2017). *Voorlopige hechtenis van jeugdigen in uitvoering, een exploratief kwantitatief onderzoek naar rechterlijke beslissingen en populatiekenmerken*. Den Haag: WODC. ▶ https://www.wodc.nl/binaries/2695_Volledige_Tekst_tcm28-288861.pdf.

Dijk, D. van (2017). Zwijgen in strafzaken: Spreken is zilver. *Advocatenblad, 5*, 30-31. Retrieved from ▶ https://www.advocatenblad.nl/2017/05/26/zwijgrecht-strafzaken-spreken-is-zilver/.

Helmond, P., Overbeek, G., Brugman, D., & Gibbs, J. C. (2014). A meta-analysis on cognitive distortions and externalizing problem behaviour. Associations, moderators, and treatment effectiveness. *Criminal Justice and Behaviour, 3*, 245–262. ▶ https://doi.org/10.1177/0093854814552842.

Jacobs, M. (2004). *Bekennen en ontkennen van verdachten. Cahier 2004–02*. Retrieved from ▶ https://www.wodc.nl/binaries/ca2004-2-volledige-tekst_tcm28-74880.pdf.

Jacobs, M. (2014). *Bekennen en ontkennen van verdachten. Een onderzoek naar de proceshouding van verdachten naar aanleiding van het wetsvoorstel strekkende tot een vereenvoudigde bewijsmotivering bij bekennende verdachten. Cahier 2004–2*. Den Haag: WODC, Ministerie van Justitie.

Komen, M. (2006). Difficulties of cultural diversity. An exploratory study into forensic psychiatric reporting on serious juvenile offenders in the Netherlands. *Crime, Law and Social Change, 45*, 55–69. ▶ https://doi.org/10.1007/s10611-006-9023-7.

Rap, S. (2013). *The participation of juvenile defendants in the youth court. A comparative study of juvenile justice procedures in Europe*. Proefschrift. Amsterdam: University Press.

Sage, L. F. le (2004). *De gebrekkige gewetensontwikkeling in het jeugdstrafrecht: Implicaties voor de toerekening en behandeling*. Amsterdam: SWP.

Sage, L. F. le (2006). Geen schaamte, wel schuldig? De behoefte aan (begrips)bepaling van de gewetensontwikkeling en de toerekeningsvatbaarheid. *Proces, 85*, 53–59. ▶ https://research.vu.nl/ws/portalfiles/portal/2177139.

Spruit, A., Schalkwijk, F., Vugt, E. van, & Stams, G. J. (2016). The relation between self-conscious emotions and delinquency: A meta-analysis. *Journal of Aggression and Violent Behaviour, 28*, 12–20. ▶ https://doi.org/10.1016/j.avb.2016.03.009.

Stapert, W. (2010). De ontwikkeling van het geweten; stand van zaken van onderzoek en theorievorming. *Tijdschrift voor Psychiatrie, 52*, 433–443. ▶ http://www.tijdschriftvoorpsychiatrie.nl/assets/articles/TvP10-07_p433-443.pdf.

Stevens, L. (2005). *Het nemo-teneturbeginsel in strafzaken: Van zwijgrecht naar containerbegrip*. Proefschrift. Universiteit van Tilburg: Wolf Legal Publisers.

Wijk, A. van, & Schoenmaker, Y. (2008). *Tussen onmacht en onwil. Kwalitatief onderzoek naar twintig veelplegers in Den Bosch*. Apeldoorn: Politieacademie. ▶ https://www.beke.nl/publicaties/tussen_onmacht_en_onwil.

Hij leert er niets van

De bajes als leerschool en voorkomen van recidive

Samenvatting

Grote kans dat een jongere wederom in de fout gaat als hij eenmaal een delict op zijn geweten heeft. Komt dat doordat delinquenten verkeerd gedrag van elkaar leren als je ze samen opsluit? Of is het juist 'goed voorbeeld doet goed volgen', wanneer er een delinquent rondloopt die zijn gedrag heeft verbeterd? Dit hoofdstuk beschrijft het effect van behandelen op het terugdringen van recidive. Én hoe behandeling herhaald delictgedrag kan voorkomen met de kennis van de neurobiologische gesteldheid van delinquenten.

10.1 Na de gevangenis: meer recidivekans – 95

10.2 Positieve invloed van groepsgenoten? – 95

10.3 Wenselijk gedrag overnemen – 96

10.4 Wel groepsgenoot, geen vriend – 96

10.5 Lang behandelen beter? – 97

10.6 Minder denkfouten – 97

10.7 Recidive terugdringen: haalbaar? – 98

10.8 Doelen bereiken – 99

10.9 Motiveren tot verandering – 100

10.10 Motiveren moet je leren – 100

10.11 Biologisch kwetsbaar – 101

10.12 Hormonen en medicatie – 102

Literatuur – 103

© Bohn Stafleu van Loghum is een imprint van Springer Media B.V., onderdeel van Springer Nature 2019
M. van Dorp, S. Aytemur en N. Swart, *Jeugdige delinquenten*, https://doi.org/10.1007/978-90-368-1440-9_10

De juridische praktijk: een vader voor Jamal

Mijn cliënt Jamal groeit op met zijn moeder. Haar zoon is alles voor haar. Hij mag thuiskomen wanneer hij wil en vrienden meenemen zoveel hij wil. Als hij thuiskomt met dure spullen, stelt ze geen vragen. Ze vindt het moeilijk om streng te zijn.

Op jonge leeftijd komt Jamal in aanraking met de politie. Hij gaat jeugdinrichting in en uit. Dikwijls houdt zijn moeder hem de hand boven het hoofd. Na het plegen van een straatroof krijgt Jamal een PIJ-maatregel (jeugd-tbs). Deze duurt inmiddels bijna vier jaar. Hij blowt veel, waardoor het resocialisatietraject moeizaam van de grond komt. Bij moeder wonen is geen optie meer, zij is onvoldoende in staat hem te begrenzen. Andere mogelijk te regelen woonvoorzieningen kunnen telkens niet worden toegewezen omdat Jamal zich misdraagt. De rechter verlengt de PIJ twee keer. Buiten de inrichting is nog geen woonplek of dagbesteding georganiseerd, dus Jamal staat er niet goed voor. Totdat enkele weken voor de zitting mijn telefoon gaat: 'Met de vader van Jamal, althans waarschijnlijk dan.' Deze meneer legt mij uit dat hij zijn ex-vriendin, de moeder van Jamal, tegenkwam op straat. Zij zag direct de gelijkenis tussen hem en Jamal. Samen begonnen ze te rekenen. Hij bleek inderdaad de vader van Jamal te kunnen zijn. Na een bezoek van vader aan Jamal, wist ook die het direct zeker: 'Hij lijkt precies op mij!'

Vader heeft grootse plannen. Hij woont met zijn gezin in een dorp en Jamal mag bij hem komen wonen. Hij wil hem weghalen bij alle 'slechte' vrienden. Jamal krijgt een eigen kamer en zijn vader regelt dagbesteding voor hem. Maar eerst een DNA-test.

Als ik Jamal na deze ontwikkelingen bezoek, staat hij stijf van de zenuwen. Zo zenuwachtig heb ik hem voor een zitting nog nooit gezien. 'Ik wil zo graag dat hij mijn vader is', 'Hij denkt precies als ik', 'Weet je dat mijn vader een boksschool heeft, we gaan samen trainen.' De DNA-test is gelukkig positief. Vader komt zijn beloftes na: hij richt in zijn huis een kamer in voor Jamal en regelt een stage – met uitzicht op een vaste baan. De gedragsdeskundige heeft diverse gesprekken met vader en oordeelt dat die capabel is om zijn zoon op te vangen. Ineens is er sprake van een heus plan voor buiten de inrichting. En dat zo vlak voor de verlengingszitting!

Op de rechtbank wacht ik nieuwsgierig op de vader van Jamal. Als hij binnenkomt, begrijp ik waarom moeder bij die ontmoeting op straat direct over Jamal is begonnen. Wat een gelijkenis! Jamal legt enthousiast aan de rechtbank uit hoe hij zijn vader heeft gevonden en dat hij heel graag bij hem wil gaan wonen. De inrichting is ook positief. Het blowgedrag van Jamal is sterk afgenomen omdat zijn vader dat afkeurt. Uit alles blijkt dat het voor Jamal heel belangrijk is wat zijn vader van hem vindt. Hij wil het goed doen, voor zijn vader. Ik ken Jamal al zes jaar en vind het mooi om te zien wat een vaderfiguur met Jamal doet.

De officier van justitie is niet overtuigd. Ze vindt de ontwikkeling mooi, maar nog te pril. Is vader in staat om Jamal te begrenzen, als hij in oude slechte gewoontes vervalt? Ze vraagt de PIJ weer te verlengen, zodat een jaar lang getest kan worden of het wonen bij vader een haalbare kaart is.

De rechtbank is het met mijn standpunt eens. In de inrichting kan Jamal niets meer leren. Nu weer verlengen zou hem alleen maar frustreren. De rechtbank heeft een goede indruk van vader gekregen en spreekt met hem af dat hij hulp en begeleiding van jeugdzorg aanvaardt. Dit is een unieke kans die Jamal met beide handen moet grijpen. Daarom beëindigt de rechtbank de PIJ-maatregel.

Ik hoop dat Jamal woord houdt, dan wordt dit verhaal nog mooier.

Nienke Swart

10.1 Na de gevangenis: meer recidivekans

Meer dan de helft van de jongeren pleegt binnen twee jaar na hun gevangenisverblijf toch weer een meer of minder ernstig misdrijf. Dit recidiveaantal is al jaren hetzelfde. Amerikaanse onderzoeken laten zien dat jeugddetentie het risico op recidive zelfs *verhoogt*. Schokkend, omdat verblijf in een justitiële jeugdinrichting (JJI) ingrijpend is voor jongeren en maatschappelijke kosten met zich meebrengt.

Hoe kan het dat verblijf in een JJI geen betere resultaten oplevert? Ligt een deel van de verklaring in de 'besmettelijkheid' van delinquent gedrag? De Amerikaanse onderzoeker Thomas Dishion ontdekte namelijk dat als jongeren met vrienden over deviant gedrag (dingen doen waarbij je de regels overtreedt) praten en elkaar tijdens die gesprekken bijvallen, dat het risico verhoogt dat ze werkelijk deviante praktijken gaan uitvoeren.

Dishion analyseerde de gesprekken van bijna tweehonderd 13- en 14-jarigen, die gesprekken voerden terwijl ze wisten dat ze door de onderzoekers werden afgeluisterd. Als de tweetallen over normoverschrijdend gedrag spraken en de ander viel stil, dan noteerden de onderzoekers dat als het niet eens zijn met wat de jongen zegt. Lachten beide tieners, dan zagen ze dat als instemming.

Delinquente vrienden blijken elkaar veel te bevestigen in hun uitspraken over normafwijkend gedrag. In het gesprek tussen een niet-delinquente jongen en een jongen die al eens gearresteerd was vanwege een delict, kwamen alleen wederzijds instemmende reacties als ze het over geaccepteerd gedrag hadden. Twee jaar later rapporteren de jongens die elkaar in normoverschrijdend gedrag bevestigden een toename in delinquentie, zelfs als werd gecontroleerd voor eerder delinquent gedrag (Dishion et al. 1996). Dit fenomeen, *deviancy training*, ontdekte Dishion al twintig jaar geleden. Toch stoppen we nog steeds delinquente jongeren bij elkaar om ze samen te heropvoeden.

10.2 Positieve invloed van groepsgenoten?

Jongeren in een JJI brengen veel tijd met elkaar door – en als jongeren veel tijd met delinquente vrienden doorbrengen, vormt dat een risico voor de ontwikkeling van antisociaal en delinquent gedrag. Maar als groepsgenoten in de gevangenis zoveel invloed kunnen hebben op elkaars denk- en later handelwijze, kun je dat dan ook op positieve manier inzetten, zodat de tijd die ze samen doorbrengen en met elkaar praten positieve effecten heeft?

Het positieve effect van de groep is de kern van een behandelmethodiek als TOPs, die JJI's gebruiken om ander gedrag en andere denkpatronen te stimuleren. Het vormt samen met het Sociaal Competentiemodel onderdeel van de basismethodiek YOUTURN, die elke JJI sinds 2010 gebruikt. TOPs, de Nederlandse variant van het Amerikaanse EQUIP, is een groepsprogramma dat antisociale en delinquente jongeren tot 23 jaar helpt met het verbeteren van sociale vaardigheden, ze leert moreel redeneren en omgaan met boosheid. De methodiek houdt in dat de groep jongeren praat over denkfouten, zoals anderen de schuld geven, uitgaan van het ergste, egoïsme en het eigen handelen goedpraten.

Zo gaat het ook bij Het Poortje, vertelt Saskia Haijer-Joling, afdelingsmanager van deze justitiële jeugdinrichting en voorheen pedagogisch werker bij de JJI in Veenhuizen (Groningen). 'De gesprekken in de groep helpen jongeren inzicht krijgen in hun problemen. Jongeren die al verder gevorderd zijn in de TOPs-training begeleiden de jongeren die net zijn begonnen, onder toezicht van de trainer en in hetzelfde lokaal.'

10.3 Wenselijk gedrag overnemen

Haijer-Joling: 'Het idee is dat jongeren die door de training gemotiveerd raken, de anderen "aansteken" om zich minder agressief te gedragen. Ze wisselen tips uit, zoals wat je kunt doen als je ruzie met een medewerker krijgt. Zo adviseren ze elkaar bijvoorbeeld om te vragen of je ergens later op mag terugkomen als je ruzie hebt in plaats van het probleem te laten escaleren en uiteindelijk met een time-out in je kamer te belanden. Van elkaar zien ze weer dat zo'n oplossing goed uitpakt.'

Dat klinkt misschien als berekenend sociaal wenselijk gedrag. 'Maar,' zegt Haijer-Joling, 'sociaal wenselijk gedrag is óók wenselijk gedrag. Ze leren daarmee in elk geval dat het iets positiefs oplevert.' Heus niet al het geleerde gedrag is enkel sociaal wenselijk, zegt ze. 'Op een bijeenkomst bespraken jongeren bijvoorbeeld samen hoe een groepsgenoot de verleidingen tijdens een aankomend verlof zou kunnen weerstaan. Naderhand kon deze jongen zelfs vertellen wat lukte en hoe.' Zo kunnen jongeren elkaar met begeleiding van pedagogisch werkers positief gedrag leren en oefenen.

Misschien is *deviancy training* niet zo'n groot risico omdat de jongeren door EQUIP en TOPs leren wat 'denkfouten' zijn – die van anderen pikken ze er daardoor mogelijk ook sneller uit. Maar of "bekeerde" delinquenten in de groep inderdaad anderen positief beïnvloeden, vraagt universitair hoofddocent en psycholoog Annemiek Harder van de Universiteit Groningen (RUG) zich af. 'Je bent het meest geneigd gedrag over te nemen van vrienden of mensen die belangrijk voor je zijn. Jongeren in een JJI zijn weliswaar leeftijdgenoten, maar zien elkaar niet als vrienden. Mogelijk reduceert dat dus de positieve invloed.'

Bovendien weet Harder uit eigen onderzoek dat jongeren volgens de groepsleiding evenveel probleemgedrag laten zien op het moment dat ze vertrekken als toen ze binnenkwamen. Al zetten zij en haar collega Kamphof-Evink (2011) wel de kanttekening dat groepsleiding vaak kritisch is, kritischer dan wanneer je aan ouders of jongeren vraagt of het gedrag is verbeterd.

Haijer-Joling voegt toe dat weer de fout ingaan wellicht hetzelfde probleemgedrag is, maar dat er op andere vlakken soms wel degelijk iets is veranderd. 'Zo kregen we een jongere opnieuw binnen en leek het dus alsof de behandeling niet had geholpen. Een dag later horen we van zijn moeder echter dat hij weer naar school gaat, sport, andere vrienden heeft en anders communiceert thuis, waardoor er minder ruzie is. Ja, hij had nogmaals een diefstal gepleegd, maar tegelijk nieuw wenselijk gedrag aangeleerd.'

10.4 Wel groepsgenoot, geen vriend

Dat groepsgenoten in de JJI geen vrienden zijn, vermindert misschien eveneens de *negatieve* invloed van groepsgenoten die delinquentie verheerlijken. Bovendien hangt het risico van negatieve invloed van meer af dan alleen van toevallig in dezelfde groep zitten. Harder: 'Onderzoek laat zien dat negatieve invloed van groepsgenoten in een JJI vooral voorkomt als begeleiders te weinig toezicht houden en monitoren hoe het met de jongere gaat. Of als sprake is van een programma met de focus op straffen. Én als jongeren met verschillende gedragsproblemen bij elkaar worden gezet.'

Uit haar onderzoek naar deviancy training in een jeugdinrichting bleek dat zo'n negen op de tien jongeren al omgaan met één of meer delinquente vrienden buiten de inrichting. Harder vond geen verband tussen het hebben van delinquente vrienden vóór het verblijf in de inrichting en minder delinquent, sociaal en probleemgedrag van de jongere tijdens het verblijf. Al hebben delinquente vrienden tijdens het verblijf in de inrichting weinig invloed op de jongeren, als een jongere vrijkomt, hebben ze dat waarschijnlijk wel weer. Uit ander onderzoek is namelijk bekend dat de invloed van delinquente vrienden van buitenaf op recidive mogelijk groter is dan die van groepsgenoten in de inrichting.

10.5 Lang behandelen beter?

Maakt het uit of een jongere langer of korter wordt opgesloten? Kort opsluiten zou weinig invloed van 'foute' groepsgenoten betekenen. Lang in de gevangenis verblijven kan betekenen dat de behandeling meer impact heeft. Het leereffect is groter en delinquente vrienden van buiten hebben minder (snel weer) invloed op de jongere.

In Nederland is onderzoek gedaan naar verblijfsduur in een JJI. Daaruit blijkt dat de jongeren die korter dan drie maanden in een JJI verblijven – het leeuwendeel van de jongeren – vaker recidiveren (Wartna et al. 2005). Voor een kortdurend verblijf kun je je voorstellen dat het weinig resultaat oplevert: van een behandeling kan nauwelijks sprake zijn. Maar middellange verblijfsduur, tussen de drie en zes maanden, levert een nóg hogere recidive op: zo'n 80 % van deze ex-JJI-jongeren recidiveert. Verblijfsduur tussen de zes en twaalf maanden is ook nog steeds gerelateerd aan hoge recidive, al ligt dat een paar procenten lager.

Opmerkelijk? 'Dat vraag ik me af', zegt Harder. 'Als jongeren hun verblijf uitzichtloos of hopeloos vinden, raken ze misschien gefrustreerd. Ze zijn eerder geneigd na hun vertrek dingen te doen die niet mogen om zich af te reageren. Wat ook kan, is dat jongeren tijdens hun JJI-verblijf allerlei ongevraagde adviezen krijgen van hulpverleners over wat voor hun toekomst het beste is, terwijl ze daar niet op zitten te wachten. Ze passen zich even aan tijdens hun verblijf, maar gaan naderhand weer verder met de zaken die ze zelf prima vinden en waarvoor ze duidelijke motieven hebben. Drugshandel is immers best lucratief ...'

Dat een middellang verblijf verband houdt met een hogere recidive is misschien deels verklaarbaar door de ontwikkeling van het moreel besef. Uit een meta-analyse (een onderzoek naar de conclusies uit een flink aantal andere onderzoeken) blijkt namelijk dat vastzitten en een lager moreel besef hebben met elkaar te maken heeft (Stams et al. 2006). Dat verband is sterker als jongeren langere tijd vastzitten. Dat kan betekenen dat jongeren hun moreel besef in de gevangenis niet (verder) ontwikkelen. Een andere verklaring is dat jongeren met een laag moreel besef sowieso langer in de gevangenis moeten blijven. Het is niet duidelijk wat de precieze reden is. Hoe verblijfsduur in een JJI, contact met delinquente vrienden en recidive samenhangen is nog niet ontrafeld.

10.6 Minder denkfouten

Antisociale en delinquente jongeren maken in elk geval wel minder *denkfouten* als ze in de JJI het programma EQUIP volgen (Nas 2005). Alleen treedt volgens dit onderzoek geen verbetering op in de morele ontwikkeling – net zoals Stams ontdekte – of van de sociale vaardigheden. Dat, naast beter omgaan met boosheid, is wél de bedoeling van het programma. Op Nas' studie is trouwens wel iets af te dingen, want EQUIP werd in de praktijk vaak niet precies uitgevoerd zoals bedoeld.

Is minder denkfouten maken genoeg om recidive te voorkomen? Nederlands onderzoek zag geen aanwijzingen dat jongeren die minder denkfouten maken, minder recidiveren. De jongeren die EQUIP volgen, recidiveren net zo snel als niet-EQUIP'ers (Brugman et al. 2007). Amerikaans onderzoek geeft wél enige aanwijzingen dat jongens die de EQUIP volgden, minder recidiveren. Van de EQUIP'ers recidiveert 15 %, maar van de niet-EQUIP'ers recidiveert tot maar liefst 40 % na twee jaar.

Lastig is dat de Amerikaanse groep jongeren niet helemaal vergelijkbaar is met de Nederlandse uit het onderzoek van Brugman en collega's. De Amerikaanse jongeren kregen een kortere periode, maar intensiever les in EQUIP en hadden minder ernstige gedragsproblemen bij aanvang. In het Nederlandse onderzoek zaten meer jongens met een laag IQ, wat weer samenhangt met een hogere recidivekans. Een lager IQ maakt ook het inzicht in eigen gedrag en gedachten, zoals denkfouten, lastiger (▶ par. 7.4).

Verder hadden de jeugdreclasseerders van de niet-EQUIP'ers uit het Nederlandse onderzoek door een speciaal project, dat ongelukkigerwijs gelijktijdig plaatsvond met het onderzoek, meer tijd voor het begeleiden van jongeren na hun verblijf in de JJI. Bekend is dat nazorg helpt om terugval in crimineel gedrag tegen te gaan. Achteraf was alleen niet meer precies te herleiden of juist deze jongeren minder recidiveerden. Kortom, de werking van methodieken als EQUIP is niet zo eenduidig en verschilt afhankelijk van andere factoren als nazorg, IQ of bestaande gedragsproblemen.

10.7 Recidive terugdringen: haalbaar?

Verschillende factoren kunnen eraan bijdragen of een jongere zijn rug recht weet te houden na detentie. In welke mate een behandeling, groepsgenoten en vrienden bijdragen is nog onzeker, maar van een aantal risicofactoren is duidelijk dat ze het risico op herhaald delictgedrag verhogen. Wie al jong delinquent gedrag laat zien, loopt bijvoorbeeld meer kans te recidiveren. Jongens plegen vaker opnieuw een delict dan meisjes. Ook in afkomst zijn verschillen te zien: jongeren van Marokkaanse, Arubaanse, Antilliaanse of Surinaamse achtergrond recidiveren vaker dan autochtone jongeren. Turkse jongeren juist minder (Wartna et al. 2005). Dit zijn lastig te beïnvloeden factoren.

Wat helemaal een voorbode lijkt te zijn voor recidive, is of een jongere al vóór detentie met justitie in contact is geweest. Hier kun je met preventie wel iets aan doen: 90 % van de jongeren die al meer dan tien keer met justitie te maken heeft gehad, pleegt namelijk binnen drie jaar opnieuw een strafbaar feit (Wartna et al. 2005). Na zeven jaar hebben deze jongeren vrijwel allemaal gerecidiveerd.

Heeft een behandeling in een JJI wel zin, vraag je je af als je deze cijfers ziet? Als je enigszins wilt bijsturen, lijkt de tijd vóór detentie kansrijker. Misschien al met iets simpels als ouders helpen hun kind thuis te laten opgroeien. Want uit de *Monitor Jeugdcriminaliteit* (Laan en Beerthuizen 2017) blijken thuiswonende minderjarigen minder vaak opnieuw een delict te plegen dan minderjarigen die elders wonen, zoals in een jeugdzorginstelling.

Meta-analyses (Garrido en Morales 2007; Morales et al. 2010) laten zien dat diverse onderzoeken telkens concluderen: recidivevermindering bij adolescenten is maar tot op zekere hoogte haalbaar door behandeling. Behandeling zou minder dan 10 % bijdragen aan het voorkómen van recidive, volgens verschillende onderzoeken in binnen- en buitenland.

In haar promotieonderzoek naar de effectiviteit van behandeling in de Nederlandse gesloten jeugdzorg ontdekte psycholoog Annemiek Harder van de Rijksuniversiteit Groningen (RUG) waarom recidivekans verkleinen zo ingewikkeld is. 'Echte gedragsverandering is lastig, voor elk mens. Deze jongeren hebben ook nog te maken met veel risicofactoren, zoals nadelige kenmerken van de jeugdige zelf (impulsief gedrag, verslaving) en problemen in het gezin (armoede) of de omgeving (wonen in een achterstandswijk).'

'Tegelijkertijd zie je dat er weinig beschermende factoren zijn die het risico op recidive helpen verkleinen, zoals naar school gaan of een steunende ouder hebben. Bovendien hebben deze jongeren vaak met meer risicofactoren dan beschermende factoren te maken en zijn niet alle factoren veranderbaar – denk aan het hebben van een verslaafde ouder, van wie een jongere niet op aan kan. Een belangrijke andere, onveranderbare risicofactor voor toekomstig delictgedrag, is eerder vertoond delinquent gedrag.'

10.8 Doelen bereiken

Toch ziet Saskia Haijer-Joling in de JJI-instelling Het Poortje zeker jongeren die de vooraf opgestelde doelen van de TOPs-training behalen en minder naar criminaliteit neigen. 'En dat zijn niet per se de minder ernstige gevallen. Ook onder jongeren die als "zware jongens" worden betiteld, zien we bij een aantal de motivatie tot gedragsverandering. Uiteraard zijn er altijd een paar jongeren die niet te motiveren zijn. We kunnen ze niet dwingen.'

Harder snapt waarom Haijer-Joling toch ander gedrag ziet: 'JJI's rapporteren wel gedragsverandering, maar vaak is het een tijdelijke verandering. Of het is aangepast gedrag aan de instelling. Zo is een doel bijvoorbeeld een dagelijkse routine of dagbesteding hebben. Maar jongeren in een instelling hebben geen keuze, want als ze niet meegaan in de opgelegde dagindeling volgen sancties.'

Haijer-Joling brengt daar iets tegenin: 'Sancties horen erbij, maar daarnaast is er altijd een pedagogische interventie. Als een jongere zich verbaal agressief gedraagt, kan hij bijvoorbeeld als time-out op zijn kamer worden gezet. Een pedagogisch werker komt tien minuutjes later altijd langs voor een gesprek. Hoe dacht hij, waarom handelde hij zo? De inzichten door het gesprek helpen een jongere het in het vervolg anders te doen.'

Volgens Harder is het de vraag wat het betekent als jongeren sociale vaardigheden laten zien, een andere doelstelling van het programma. 'Ontwikkelen ze sociale vaardigheden in de JJI of konden ze zich al goed handhaven in een groep? Verder weerhoudt naar school gaan, nog een doel, jongeren ervan om weer de mist in te gaan. Maar hiervoor geldt eveneens dat een jongere in een JJI er niet onderuit komt, omdat onderwijs in het dagprogramma zit.'

10.9 Motiveren tot verandering

Wat kan dan wel een echte kentering veroorzaken, ook na het beëindigen van het JJI-verblijf? Harder: 'Besteed aandacht aan intrinsieke motivatie. Wat is de reden dat jongeren een andere keuze maken? Vaak zeggen jongeren: "Uiteindelijk wil ik gewoon huisje-boompje-beestje." Met dat antwoord moet je geen genoegen nemen. Vraag veel meer door. Te snel schieten hulpverleners in de actiestand of reparatiereflex: wat kunnen we daaraan doen? Je moet veel langer doorgaan op de vraag waarom een jongere überhaupt zou willen veranderen.'

'Kijk naar de individuele afweging. "Ik wil niet meer de gevangenis in" is geen afdoende antwoord. Stel vragen als: "Welke problemen krijg je door drugshandel? Wat is het ergste wat er kan gebeuren?" Maar betrek ook beschermende factoren met vragen als: "Waar ligt jouw passie?" Want werk is bijvoorbeeld een belangrijk alternatief voor het plegen van delicten.'

10.10 Motiveren moet je leren

Harder vond in observatieonderzoek (2016) dat het soms toch schort aan de competenties van hulpverleners om jongeren te motiveren: 'Pedagogisch werkers moeten uitkijken met te snel bijsturen en hun oordeel geven. En ze moeten voorkomen dat het in JJI's gaat over praktische vaardigheden en regels naleven – kleding leren wassen, netjes leren eten – in plaats van over wat de jongere bezighoudt.'

'Ja, je moet structuur bieden, maar je mag ook flexibeler zijn als dat een betere behandelrelatie oplevert. Die jongere zit daar niet om zijn brood met mes en vork te leren eten. Lust een jongere geen rijst? Kook voor hem iets anders. Dat is niet verwennen, dat is een relatie opbouwen, in plaats van strijd leveren over iets onbenulligs. Alleen disciplineren helpt niet om gedrag te veranderen.'

Om een jongere werkelijk te leren kennen, moet veel met ze gepraat worden, volgens Harder. 'Dat gebeurt echt te weinig. Te vaak zitten pedagogisch werkers op kantoor in plaats van op de bank met de jongeren. Te vaak gaan mentorgesprekken over praktische zaken.'

'Bijkomend voordeel van als je een jongere goed leert kennen, is dat je beter kunt inschatten hoe je het beste ingrijpt en bijstuurt als de gemoederen te hoog oplopen.' Saskia Haijer-Joling erkent dat er pedagogisch werkers zijn die niet over deze gespreksvaardigheden beschikken. 'Toch zijn er zeker een boel die jongeren juist heel goed kunnen motiveren.'

Harder ontwikkelde de methodiek Up2U om beter aan te sluiten op het individu. 'TOPs gaat uit van een normatief kader, waarbij jongeren onder meer moreel redeneren moeten leren. Up2U kijkt veel meer naar de jongere zelf, houdt rekening met diens ervaring en achtergrond. Het doel is dat een jongere zelf concludeert wat hij wil veranderen, door motiverende gespreksvoering, gebaseerd op zelfonderzoek. TOPs stelt: "Wij vinden dat je dit moet veranderen." Up2U heeft geen lijstje met doelen vooraf. Het vormt de onderbouwing van waarom een jongere aan iets wil werken. In feite de stap vóórdat je stelt dat een jongere zijn sociale vaardigheden moet verbeteren.'

'Gesprekken vormen de basis, en daarbij empathisch reageren of vragen stellen. Vat samen wat je hoort: "Jij ziet deze behandeling niet zitten, want je gelooft er niet in." Zo ontdekt een jongere dat je hem begrijpt en begrijpt hij zichzelf ook beter. Dan kom je pas echt tot langdurige gedragsverandering – de sleutel tot het terugdringen van recidive.'

10.11 Biologisch kwetsbaar

Of jongeren in staat zijn om datgene wat ze hebben geleerd in de gevangenis te gebruiken als ze weer buiten zijn, hangt van meer af dan de behandeling in een JJI alleen. Bijvoorbeeld van of ze steun krijgen uit hun omgeving – wie thuiskomt en in dezelfde vriendengroep belandt (▶H. 5) of met ouders moet dealen die zelf niet direct een goed voorbeeld geven (▶H. 4), moet stevig in zijn schoenen staan om niet opnieuw de fout in te gaan. Ook maakt het verschil voor het recidiverisico of de jongere werk heeft of een opleiding volgt. Dit zijn sociale verklaringen voor crimineel gedrag en recidive.

Ontwikkelingspsychologische risicofactoren en psychiatrische problemen als antisociale stoornissen (▶H. 2, 3, 7 en 8) spelen verder een rol in de kans op terugval in crimineel gedrag. Zo hebben 3-jarigen die vaak antisociaal en impulsief, druk en snel afgeleid gedrag vertonen, als twintiger vaker antisociale persoonlijkheidsstoornissen en plegen vaker delicten dan de 3-jarigen die dit gedrag niet laten zien. Dat blijkt uit de bekende en sinds de jaren zeventig van de vorige eeuw lopende Nieuw-Zeelandse Dunedinstudie.

Verder verklaart neurobiologische aanleg voor een deel waarom het voor bepaalde jongeren zo lastig is om het geleerde in de praktijk te brengen. Dat zit hem onder meer in hoe het stressresponssysteem is afgesteld: het systeem dat het lichaam bij gevaar vertelt of het moet vluchten, vechten of bevriezen. Bij jongeren met gedragsproblemen zie je dat dit systeem te lauw reageert of juist te heftig. Dit zijn de koele kikkers of de jongeren met het zogenaamde korte lontje. Deze types reageren elk anders op behandeling. Dat heeft gevolgen voor de mate van recidive.

Katy de Kogel, psycholoog en senior wetenschappelijk medewerker bij het Wetenschappelijk Onderzoek- en Documentatiecentrum (WODC), onderzoekt neurobiologische verklaringen van delinquent gedrag en hoe je deze inzichten voor de behandeling van delinquenten kunt gebruiken. 'Je kunt kijken naar hoe het lichamelijke stresssysteem samenhangt met de vatbaarheid voor hulpverlening,' vertelt De Kogel. 'Zo doorliepen kinderen van de buitenkliniek Vosseveld de training "Minder boos en opstandig" voor 8- tot 10-jarigen met een antisociale stoornis, zoals conduct disorder (CD, normoverschrijdend gedrag) of oppositional defiant disorder (ODD, oppositioneel opstandig gedrag). Ze werden in twee groepen ingedeeld: de kinderen die volgens een stresstest snel van slag waren en kinderen die lauwtjes op stressprikkels reageerden. Vooraf vertoonden ze hetzelfde probleemgedrag. Wat bleek? De kinderen met het "strak afgestelde stressresponssysteem" hadden meer baat bij de training dan de kinderen die bij de stresstest onaangedaan leken' (Wiel et al. 2004).

Eenzelfde conclusie trekt hoogleraar Kinder- en jeugdpsychiatrie Arne Popma (VUmc), tevens hoogleraar Forensische Psychiatrie (Universiteit Leiden). Jongeren die tijdens zijn experiment voor een strenge jury een speech moesten houden en daar fysiek sterk op reageerden (verhoogde hartslag, zweet in de handen), recidiveerden minder dan jongeren die niet erg onder de indruk waren. Overigens werden in dit experiment jongeren onderzocht die een Halt-straf hadden gekregen – een beduidend minder ernstig delinquente groep dan JJI-jongeren.

Het idee achter deze onderzoeken vormen twee theorieën die de samenhang tussen het stressresponssysteem en crimineel voortdurend gedrag proberen te verklaren. De *sensation seeking*-theorie stelt dat jongeren hun lage stresslevel als onprettig (saai) ervaren en triggers zoeken om het op een normaal peil te krijgen. De *fearlessness*-theorie gaat ervan uit dat deze jongeren door hun lage stressrespons nu eenmaal minder angst kennen. De drempel om iets te doen dat niet door de beugel kan, is daardoor lager en straf boeit hen minder. De Kogel: 'Naar beide theorieën wordt onderzoek gedaan. Overigens sluiten de twee theoretische verklaringen elkaar niet uit.'

10.12 Hormonen en medicatie

Als bijsturen met behandelen onvoldoende resultaten afwerpt, kun je jongeren met zo'n verstoord stresssysteem dan bepaalde stoffen toedienen? Het knuffelhormoon oxytocine draagt er bijvoorbeeld aan bij dat mensen gemakkelijker emoties bij anderen herkennen. Oxytocine kan wellicht de impact van empathietrainingen vergroten, suggereert een inventarisatierapport naar neurowetenschappelijke inzichten (Cornet et al. 2016). 'Dat zou kunnen,' zegt senior onderzoeker De Kogel. 'Maar als een stresssysteem al zo lang verstoord is – mogelijk door ingrijpende ervaringen in de kindertijd –, kun je dat dan nog veranderen met medicatie?'

'Je hoeft ook niet per se *biologische* factoren te manipuleren met medicijnen om gedrag te verbeteren,' stelt De Kogel. 'Soms komen jongeren met antisociale gedragsproblemen terecht in een goed pleeggezin en ontwikkelen een beter afgesteld stressresponssysteem. Dat is dan een gevolg van hun veranderde omgeving, niet doordat je hun lichamelijke gesteldheid direct probeert bij te stellen. Wel is het goed dat naar medicatie en crimineel gedrag onderzoek wordt gedaan. Hoe meer aanknopingspunten om gedrag ten goede te veranderen, hoe beter.'

Biologie is niet de magische sleutel voor het voorkomen en terugdringen van delinquentie, stelt De Kogel. 'Maar het vormt wel een onderdeel, naast psychologische factoren, de omgeving en hoe deze drie op elkaar inspelen. Daarom verdienen fysiologische kenmerken een plek samen met interventies die inzetten op sociale en psychologische bijsturing.'

Ook bij het inschatten van recidivekans moeten biologische factoren worden betrokken, vindt ze. 'Ik zou wensen dat in de toekomst de risicotaxatie-instrumenten voor recidive die worden gebruikt, worden uitgebreid met fysiologische risicofactoren. Zo kun je met *wearables*, zoals sporthorloges, de hartslag en huidgeleiding (zweet) meten en op die manier het stressresponssysteem in kaart brengen. Ook kun je onderzoeken wat de invloed van hormonen als cortisol (stresshormoon) en oxytocine (knuffelhormoon) voor een individu is.'

'Nu kijken we voor het toekennen van verlof en inschatten van recidive naar de psychosociale factoren. Welke delicthistorie is er (jong begonnen betekent meer kans op recidive), welke stoornis heeft iemand en hoe zit het met het sociale netwerk buiten de gevangenis? Terwijl je fysiologische factoren best gemakkelijk kunt meten. Daarmee krijg je een completer beeld en kun je waarschijnlijk beter inschatten hoe het staat met de kans op herhaling.'

Wellicht ligt de toekomst voor potentiële of ex-delinquenten in coaching op afstand? Stel dat een ambulant begeleider even opbelt als hij op afstand online de cortisolwaarden van een jongere ziet stijgen. Of krijgt een jongere juist stress als zijn reclasseringswerker om de haverklap reageert als zijn fysieke gesteldheid wijzigt? Dan werkt het averechts en zou een jongere daardoor eerder de fout ingaan. Ook voormalig staatssecretaris Klaas Dijkhoff van Veiligheid en Justitie is benieuwd naar het nut van neurowetenschappelijke toepassingen. Hij heeft in 2017 opdracht gegeven deze in de praktijk uit te testen. Wordt vervolgd.

Literatuur

Brugman, D., Bink, M. D., Nas, C. N., & Bos, J. K. van den (2007). Kunnen delinquente jongeren elkaar helpen in hun sociale ontwikkeling? Effecten peer-hulpprogramma EQUIP op denkfouten en recidive. *Tijdschrift voor Criminologie, 50,* 153–169. ▶ https://www.researchgate.net/publication/46702323.

Cornet, L. J. M., Bootsman, F., Alberda, D. L., & Kogel, C.H. de (2016). *Neurowetenschappelijke toepassingen in de jeugdstrafrechtketen. Inventarisatie instrumenten, preventie en interventie.* Meppel: Boom. ▶ https://www.wodc.nl/binaries/O%26B318_Volledige%20tekst_tcm28-228324.pdf.

Dishion, T. J., Spracklen, K. M., & Andrews, D. W. (1996). Deviancy training in male adolescent friendships. *Behavior Therapy, 27,* 373–390. ▶ https://doi.org/10.1016/S0005-7894(96)80023-2.

Eenshuistra, A., Harder, A. T., Zonneveld, L. van, & Knorth, E. J. (2016). Look who's talking: A motivational interviewing based observation study of one-on-one conversations between residential care workers and adolescents. *Journal of Child & Family Welfare, 17,* 64–84. Retrieved from ▶ https://www.researchgate.net/publication/305720583.

Garrido, V., & Morales, L. A. (2007). Serious (violent or chronic) juvenile offenders: A systematic review of treat. *Campbell Systematic Reviews, 7,* 1–50. Retrieved from ▶ http://faculty.uml.edu/jbyrne/44.327/Garrido_seriousjuv_review.pdf.

Hanrath, J. (2013). *De groepsleider als evenwichtskunstenaar. Het dagelijks werk op de leefgroep in een justitiele jeugdinrichting.* Den Haag: Boom.

Harder, A. T. (2011). *The downside up? A study of factors associated with a successful course of treatment for adolescents in secure residential care.* Proefschrift. Universiteit Groningen. ▶ http://hdl.handle.net/11370/e0ff8505-b7fc-42d2-81d7-eb6b5018ebaa.

Harder, A. T., Knorth, E. J., & Kalverboer, M. E. (2011). Securing the downside up: Client and care factors associated with outcomes of secure residential youth care. *Clinical Youth Care Forum, 41,* 295–276. ▶ https://doi.org/10.1007/s10566-011-9159-1.

Hermanns, J. (2013). Maatschappelijke veiligheid en jeugddetentie: Een lastige combinatie? Lezing bij het afscheid als bijzonder lector werken in justitieel kader aan de hogeschool Utrecht, 26 september 2013.

Kamphof-Evink, L., & Harder, A. T. (2011). Delinquente vrienden: Een risico voor jongeren in een jeugdinrichting? *Orthopedagogiek: Onderzoek en Praktijk, 50,* 318–327.

Laan, A. M. van der, & Beerthuizen, M. G. C. J. (2017). *Monitor Jeugdcriminaliteit 2017. Ontwikkelingen in de geregistreerde jeugdcriminaliteit in de jaren 2000 tot 2017.* Cahier 2018-1. Retrieved from ▶ www.wodc.nl.

Lambie, I., & Randell, I. (2013). The impact of incarceration on juvenile offenders. *Clinical Psychology Review, 33,* 448–459. ▶ https://doi.org/10.1016/j.cpr.2013.01.007.

Morales, L. A., Garrido, V., & Sánchez-Meca, M. (2010). *Treatment effectiveness in secure corrections of serious (violent or chronic) juvenile offenders.* Stockholm: Swedish National Council for Crime Prevention, Information and Publications.

Mulvey, E. (2011). *Highlights from pathways to desistance. A longitudinal study of serious adolescent offenders.* Washington DC: Office of Juvenile Justice and Deliquency Prevention.

Nas, C. N. (2005). *'EQUIPping' delinquent male adolescents to think pro-socially. Effects of the EQUIP program on moral judgment, cognitive distortions, and social skills of juvenile delinquents*. Proefschrift. Utrecht: Universiteit Utrecht.

Nas, C. N., Brugman, D., & Koops, W. (2005). Effects of the EQUIP programme on the moral judgement, cognitive distortions, and social skills of juvenile delinquents. *Psychology, Crime and Law, 11,* 421–434. ▶http://doi.org/10.1080/10683160500255703.

Petrosino, A., Guckenburg, S., & Turpin-Petrosino, C. (2010). Formal system processing of juveniles: Effects on delinquency. *Campbell Systematic Reviews, 1,* 1–88. ▶https://doi.org/10.4073/csr.2010.1.

Stams, G. J., Brugman, D., Deković, M., Rosmalen, L. van, Laan, P., & Gibbs, J. C. van der (2006). The moral judgment of juvenile delinquents: A meta-analysis. *Journal of Abnormal Child Psychology, 34,* 697–713. ▶https://doi.org/10.1007/s10802-006-9056-5.

Wartna, B. S. J., Harbachi, S. el, & Laan, A. M. van der (2005). *Jong vast. Een cijfermatig overzicht van de strafrechtelijke recidive van ex-pupillen van justitiële jeugdinrichtingen*. Den Haag: Boom.

Wiel, N. M. H. van de, Goozen, S. H. van, Matthijs, W., Snoek, H., & Engeland, H. van (2004). Cortisol and treatment effect in children with disruptive behavior disorders: A preliminary study. *Journal of the American Academy of Child and Adolescent Psychiatry, 43,* 1011–1018. ▶https://doi.org/10.1097/01.chi.0000126976.56955.43.

Woning, werk en wijf? Dan komt alles goed!

Hoe verblijfplek, soort inkomen en partner mogelijk recidive voorkomen

Samenvatting

Woning, werk en wijf – dat zijn platgezegd factoren die samenhangen met een afname van crimineel gedrag. Maar is de verhuizing, aanstelling bij een leuke werkgever of een nieuwe partner ook echt de *oorzaak* van het stoppen met criminaliteit? Dan is het zaak voor hulpverlening en reclassering om veranderingen op die vlakken te stimuleren. Of zijn de veranderingen een *gevolg* van het bewustzijn van een crimineel persoon dat hij niet langer delicten wíl plegen en daarbij een steunende relatie zoekt, (ander) werk of ergens gaat wonen waar zijn oude, criminele kornuiten hem minder kunnen beïnvloeden?

11.1 Levensloopcriminologie – 107

11.2 Woning – 107

11.3 Werk of inkomen – 108

11.4 Wijf – 109

11.5 Niet het huwelijk, maar het ouderschap – 111

11.6 Telt verkering ook? – 111

11.7 Preventie en begeleiding – 112

11.8 Van hetzelfde laken een pak? – 113

11.9 Volhouden – 114

Literatuur – 115

© Bohn Stafleu van Loghum is een imprint van Springer Media B.V., onderdeel van Springer Nature 2019
M. van Dorp, S. Aytemur en N. Swart, *Jeugdige delinquenten*, https://doi.org/10.1007/978-90-368-1440-9_11

De juridische praktijk: de ponypack en het logeeradres

Tayrell (17) was bevriend met een wat oudere jongen, Cleon. Ze deden alles samen en waren zo close, dat Cleon een aantal maanden bij Tayrell en zijn moeder mocht blijven logeren toen hij plotseling dakloos raakte. Ze hadden veel lol samen, vertrouwden elkaar en noemden elkaar broer. Cleon was een aardige jongen, maar hij had een fout verleden: hij verkocht vroeger drugs op straat. Tayrell wist hiervan. Hij wist ook dat Cleon dit niet meer deed, alleen al omdat de moeder van Tayrell ontzettend streng was en Cleon zijn logeeradres niet wilde verliezen. Tayrell en Cleon sliepen op dezelfde kamer, droegen elkaars kleding en deelden hun spullen, zoals een Louis Vuitton-tas van Tayrell.

Op een dag werden Tayrell en Cleon door een agent opgemerkt toen zij veel te hard op een scooter reden. Niet erg handig, vooral omdat zij geen brommerrijbewijs hadden. De agent die hen staande hield, vroeg of hij in hun tassen mocht kijken. Tayrell en Cleon gaven toestemming, ze hadden niets te verbergen. Toch vond de agent een ponypack (een klein opgevouwen papiertje) met daarin wit poeder. Het zat in een afgesloten vakje van de tas. Tayrell zei hier niets van te weten. De jongens werden meegenomen naar het politiebureau om als verdachte te worden gehoord. In de tussentijd onderzocht de politie of het om drugs ging.

In zijn verhoor gaf Tayrell aan dat de tas weliswaar van hem was, maar dat hij deze regelmatig aan Cleon uitleende. Hij zei ook dat hij niets van de ponypack wist. Cleon legde dezelfde dag ook een verklaring af bij de politie, waarin hij eerlijk toegaf dat de ponypack van hem was en dat hij deze in de tas had gestopt, maar vergeten was het er weer uit te halen. In de ponypack zat een restje cocaïne. Cleon legde uit dat hij vroeger drugs verhandelde op straat en dat de ponypack uit die tijd stamde.

Ondanks de openhartige verklaring van Cleon en de stellige ontkenning van Tayrell, werd Tayrell door justitie vervolgd voor het bezit van drugs. Hij moest voor de kinderrechter komen. Hoewel hij op de zitting opnieuw aangaf dat hij echt niet wist wat er in het vakje met de rits had gezeten, werd hij toch veroordeeld. De overweging van de kinderrechter was dat je hoort te weten wat er in je eigen tas zit. Dat Tayrell niets van de ponypack afwist, was onvoldoende voor vrijspraak. Hij kreeg een taakstraf van twaalf uur.

Tayrell vond het oneerlijk dat hij voor cocaïnebezit werd veroordeeld, dus wij gingen in hoger beroep. Daar gaf ik aan dat ik de overweging van de kinderrechter niet kon volgen. Tayrell had namelijk niet alleen maar ontkend, hij had ook uitgelegd hoe het mogelijk was dat hij niet van de ponyrack wist: hij leende zijn tas namelijk uit aan Cleon. Cleon op zijn beurt had dit bevestigd. Daarbij kwam dat Tayrell ervan was uitgegaan dat Cleon zich niet meer met drugs inliet en al helemaal geen drugs in zijn tas zou stoppen. Daarom vond Tayrell het niet nodig om alle vakjes van zijn tas dagelijks grondig te doorzoeken. Dat kon de rechter niet van hem verwachten.

De rechters in hoger beroep luisterden aandachtig naar Tayrells verhaal. Zij veroordeelden hem opnieuw, maar spraken hem vrij van opzet. Hoewel hij toch schuldig werd geacht, vonden de rechters het niet nodig om hem hiervoor te straffen, zodat de taakstraf verviel. Voor Cleons logeeradres maakte de uitspraak gelukkig geen verschil. Hij woont nog steeds bij Tayrell en zijn moeder thuis.

Semra Aytemur

11.1 Levensloopcriminologie

Mensen veranderen in hun leven en gebeurtenissen in een leven veranderen een mens. Maar wat was er het eerst, de verandering *in* iemand of die van buitenaf? Levensloopcriminologie, die in zwang raakt vanaf de jaren negentig, probeert daarop een antwoord te vinden. Als je beter kijkt naar de dynamische veranderingen *binnen* een individu, helpt dat het verloop van criminele carrières verklaren. Daarvoor zijn gegevens nodig die gedurende een langere periode en van dezelfde persoon zijn verzameld (longitudinaal onderzoek). Deze worden zowel internationaal als in Nederland steeds meer vergaard.

Binnen de levensloopcriminologie kun je twee benaderingen onderscheiden. Er gebeurt iets en daarom stopt iemand met criminaliteit, óf iemand wil stoppen en daardoor gebeuren er andere, niet-criminele *life events*. Het eerste idee, een kentering in iemands leven die een ander, niet-crimineel leven mogelijk maakt, is onder meer bedacht door criminoloog John Laub en socioloog Robert Sampson. Hun informele sociale-controletheorie (1993) houdt in dat transities in het leven zorgen dat je een band opbouwt en 'sociale controle' ervaart, bijvoorbeeld van je (nieuwe) werkgever, huwelijkspartner of de mensen in de nieuwe buurt waarnaar je bent verhuisd. Deze kunnen het omslagpunt vormen waardoor iemand zijn criminele carrière wil beëindigen.

Een andere theorie gaat uit van cognitieve verandering als oorzaak van stoppen met crimineel gedrag. Iemand wil zelf al zijn leven veranderen en zet de eerste stap. Die intentie vormt het aangrijpingspunt voor verdere verandering, zoals 'ja' zeggen tegen een vrouw met werk en een 'normaal' leven. Het huwelijk draagt in dat geval misschien ook wel bij aan de gedragsverandering, maar het willen stoppen met criminaliteit is al voordien begonnen. Criminaliteitsafname wordt dan niet door de binding met een partner *veroorzaakt*, maar is het *gevolg* van de veranderde identiteit van de crimineel, die bij zijn nieuwe levensstijl een bijpassende partner zoekt. Gedurende het huwelijk zal het criminele gedrag nog verder verminderen, omdat het huwelijk een gevolg is van het (willen) beëindigen van de criminele carrière.

Tot zover de theorieën. Hoe zit het volgens wetenschappelijk onderzoek bij daders met wonen, werk en wederhelft?

11.2 Woning

Een woonplek hebben houdt verband met verminderde recidive bij volwassenen met een criminele carrière achter zich. Maar wie een tijd(je) vastzit, raakt misschien zijn huurwoning of kamer kwijt, omdat hij het niet meer kan betalen. Voor jeugdigen is thuis wonen soms geen optie meer na alles wat er is gebeurd. Je zou dus kunnen verwachten dat er voor adolescenten op dit vlak veel verandert na detentie. Alleen zijn daarover vrijwel geen gegevens beschikbaar.

Wel is er onderzoek gedaan naar volwassen daders in Nederland. Daaruit blijkt dat negen op de tien meerderjarige gedetineerden een woonplek heeft voorafgaand aan detentie. Een derde beschikt over een huurwoning, een derde woont in bij familie of vrienden, de rest huurt een particuliere kamer of woont in de maatschappelijke opvang. Dit verandert nauwelijks na detentie: iets minder (ruim een kwart) van de ex-gedetineerden beschikt nog over een huurwoning. Iets meer ex-gedetineerden, ruim 7 %, verblijven in een maatschappelijke opvang dan vóór detentie (Beerthuizen et al. 2015). Zo'n laag percentage dakloze ex-gedetineerden klinkt niet als een groot probleem, maar zet je dat af tegen de hoeveelheid daklozen in heel Nederland, dan is het relatief hoog. Minder dan 0,2 % van de Nederlandse bevolking is namelijk dakloos (Weerman et al. 2015).

Dat een ex-gedetineerde een huurwoning heeft of inwonend is voor en na detentie, wil niet zeggen dat het om dezelfde woonplek gaat – daarover zeggen de cijfers niets. Bij niet-delinquente jongeren leidt vaak verhuizen echter tot een verhoogde kans op delinquentie; en hoe vaker iemand verhuist, des te groter wordt de kans op delinquentie. Dat ze zich delinquent gaan gedragen komt mogelijk komt door stress, een veranderde vriendengroep en aansluiting willen vinden in een nieuwe omgeving. Ver weg verhuizen helpt wel bij adolescenten die al delinquent gedrag rapporteerden: zij geven aan juist minder delicten te plegen (Vogel et al. 2017).

Wat zouden de wisselingen van thuis bij de ouders wonen naar de jeugdgevangenis en vervolgens naar een eigen plek – misschien na een tussenstap in een groep met woonbegeleiding – voor gevolgen hebben voor jongeren die al kwetsbaar zijn? 'Wanneer delinquente jongeren opgroeien in een crimineel gezin of een huishouden waar veel ruzie is, heeft dat negatieve invloed op een jongere, ook voor zijn betrokkenheid bij delinquentie,' zegt Frank Weerman, bijzonder hoogleraar Jeugdcriminologie aan de Erasmus Universiteit Rotterdam en senior onderzoeker bij het Nederlands Studiecentrum Criminaliteit en Rechtshandhaving (NCSR). 'Dan is het wellicht beter als ze ergens anders wonen.'

Dat een jongere volgens onderzoek ergens een woonplek heeft, zegt nog niet of een adolescent zelfstandig woont of onder begeleiding, terwijl dat mogelijk wel uitmaakt voor de ontwikkeling van de ex-delinquent. Sinds de transitie van jeugdzorg naar gemeenten in 2015 worden residentiële instellingen zoveel mogelijk afgebouwd. De begeleiding van jongeren uit de jeugdzorg die zelfstandig gaan wonen in een kamer of appartement, bestaat vaak uit bezoeken van een hulpverlener aan de jongere. Zo'n ambulant begeleider kan waarschijnlijk minder goed toezicht houden dan een pedagogisch werker in een instelling. En toezicht is belangrijk voor het voorkomen van delinquentie.

11.3 Werk of inkomen

Werk hebben en houden hangt eveneens samen met een verminderde criminaliteit. Maar ook hier is niet precies duidelijk of het hebben van werk veroorzaakt dat iemand met criminaliteit stopt of dat werk hebben een gevolg is van stoppen. Skardhamar en Savolainen (2014) concluderen dat werk krijgen over het algemeen vooral het *gevolg* is van stoppen met crimineel gedrag. Zij hebben daar een verklaring voor die in het verlengde ligt van die over cognitieve verandering. Ze noemen dit resultaat in overeenstemming met de *maturation*-theorie: wie ouder wordt, laat minder crimineel gedrag zien, alsof je erover heen groeit omdat je begrijpt dat het niet meer gewenst is.

Het hebben van een baan betekent trouwens niet dat het aantal delicten dat mensen (nog) plegen, nog verder daalt. Ook dit is in lijn met de *maturation*-theorie. Het ouder worden op zich draagt immers bij aan verminderen van criminele activiteiten, niet het feit dat iemand een baan heeft (Skardhamar en Savolainen 2014). Wel kreeg een heel kleine groep (slechts 2 % van de onderzochte personen) per toeval een aanstelling, terwijl ze zich ook nog met criminele praktijken bezighielden. Deze groep pleegde gaandeweg ook minder delicten. Dat strookt weer met het denken in omslagpunten in iemands leven, zoals Laub en Sampson en de sociale-controletheorie. Maar omdat dit maar bij een klein groepje voorkwam, lijkt met name werk het gevolg van stoppen met criminaliteit (Skardhamar en Savolainen 2014).

Op het gebied van inkomen verandert voor en na detentie nauwelijks iets bij volwassenen, laat de *Monitor nazorg ex-gedetineerden* van het WODC zien. Zo'n zeven op de tien ex-gedetineerden hebben voor en na detentie een inkomen, meestal via een bijstandsuitkering of werk (minder vaak via een arbeidsongeschiktheidsverzekering of studiefinanciering). Na detentie stijgt wel het aantal uitkeringsontvangers (Beerthuizen et al. 2015).

Is het dan het inkomen of het werk dat ex-gedetineerden weerhoudt van delicten plegen? Onderzoek naar hoe het jongeren vergaat die in een justitiële jeugdinrichting (JJI) hebben gezeten, toont aan dat het hebben van werk verband houdt met afname van het aantal veroordelingen (Verbruggen 2014), zelfs als de jongeren persoonlijkheidskenmerken hebben die de kans op criminaliteit of werkloosheid verhogen. Het ontvangen van een uitkering helpt eveneens om crimineel gedrag te verminderen. Al heeft werk een nog gunstiger effect, waarschijnlijk omdat werk structuur biedt en bijdraagt aan sociale controle en binding. Een uitkering helpt slechts om te kunnen voorzien in je levensbehoeften.

Er zijn aanwijzingen dat niet alleen het inkomen, maar ook structuur en sociale binding een gunstig effect is van werken. Wie namelijk werkt en dat langere periodes achtereen doet, loopt nog minder kans op het opnieuw plegen van delicten. Hoopgevend is dat deze mensen ook vaker een woning vinden en een relatie krijgen en houden (Verbruggen 2014).

Helaas wisselt de meerderheid van de ex-JJI'ers regelmatig van baan en ontvangen de meesten als volwassene een uitkering – van stabiliteit in hun werkzame leven kun je bij de meesten nauwelijks spreken. Ruim driekwart van de jongvolwassenen met een instellingsverleden pleegt tussen het 18e en 32e jaar opnieuw een delict, al neemt het criminele gedrag wel af in de loop der jaren. Het effect van werk lijkt het duidelijkst na het 25e jaar.

11.4 Wijf

Diverse onderzoeken laten zien dat trouwen en stoppen met criminaliteit met elkaar samenhangen (Schellen et al. 2012; Zoutewelle-Terovan 2015). Is de relatie de oorzaak van een nieuwe start? Of heeft iemand genoeg van zijn criminele carrière en zoekt hij een partner die past bij zijn nieuwe leven?

Volgens Laub en Sampson (1993) werken transities in het leven als aanzet voor ander gedrag. Een huwelijkspartner weet waar je mee bezig bent en oefent daardoor misschien een bepaalde mate van controle op je uit. Een fijne partner stel je niet graag teleur, een huwelijk roept associaties met een 'volwassen, serieus' leven op en dat helpt je een brave burger worden (Sampson et al. 2006). Wie gehuwd is, blijft verder waarschijnlijk meer thuis en is minder op straat of in de kroeg, waar de verlokkingen roepen (Weerman et al. 2015). Ook Arjan Blokland en collega's (2005) vinden in hun onderzoek naar criminaliteit en levensloop dat wie getrouwd is, minder risico loopt veroordeeld te worden dan vóór het huwelijk – los van hoe erg iemand naar criminaliteit neigt.

Maar let op, het maakt wel uit of de huwelijkspartner crimineel is of niet (Sampson et al. 2006). Trouwen met een niet-criminele partner verlaagt de kans op recidive met maar liefst een derde, een criminele partner huwen verhoogt juist die kans (Schellen et al. 2012). Het lastige is alleen dat hoe meer delicten iemand op zijn naam heeft, des te minder kansen hij heeft op de huwelijksmarkt (Zoutewelle-Terovan 2015). De Nederlandse belangenorganisatie voor (ex-)gedetineerden Bonjo is om die reden een relatiebemiddeling gestart voor gedetineerden.

Het probleem is dat wanneer een (ex-)crimineel wel een huwelijkspartner vindt, de kans groot is dat die eveneens crimineel is. De vooruitzichten voor het vinden van een partner worden wel weer gunstiger als het criminele verleden verder weg ligt. Daders profiteren dus minder van de beschermende effecten voor criminaliteit door het huwelijk, omdat ze minder kans hebben een partner te vinden en meer risico lopen een criminele partner te huwen (Schellen et al. 2012).

Taco Hetebrij, jeugdreclasseerder bij Jeugdbescherming Gelderland, ziet dat de vriendinnen van de adolescenten die hij begeleidt, inderdaad vaak hun eigen problemen hebben. 'Bijvoorbeeld een psychisch of verslavingsprobleem, of ze zijn opgegroeid in een onveilige gezinssituatie. Dan kunnen de partners elkaar niet echt verder helpen. Je kunt immers pas voor een ander zorgen als je eerst hebt geleerd hoe je voor jezelf zorgt. Liever zie ik dat de vriendinnen eerst hun eigen problemen oplossen.'

Ook of het een 'goed huwelijk' is, speelt een rol. Mannen die zeggen dat de relatie met hun partner van goede kwaliteit is, zijn minder betrokken bij criminaliteit (Sampson et al. 2006). Maar mensen kunnen meestal pas een band met iemand anders aangaan, als ze zo'n veilige, warme band op jonge leeftijd hebben ervaren. Als kind veilig gehecht zijn aan een opvoeder (doordat deze betrouwbaar is en responsief naar het kind – volgens de hechtingstheorie van psychiater John Bowlby uit de jaren veertig van de vorige eeuw), is een voorwaarde om een relatie van goede kwaliteit te kunnen aangaan met een latere partner. De kwaliteit van de relatie en de mate waarin ze binding voelen, wordt mede beïnvloed door wat beide huwelijkspartners eerder aan warmte en liefde hebben ervaren. Dat heeft gevolgen voor de impact van de relatie op criminaliteit.

De genoemde onderzoeken illustreren hoe het huwelijk kan helpen om te stoppen met criminaliteit. Of had de crimineel de verandering al eerder ingezet en wordt de verbeterde levensstijl niet veroorzaakt door het huwelijk, maar is het een gevolg van een al ingeslagen weg? Noors onderzoek ziet dat mannen al in de jaren voor het huwelijk steeds minder crimineel zijn. Dat begint al vijf jaar voor het jawoord is gegeven (Lyngstad en Skardhamar 2013). De afname in criminaliteit is met name sterk in het jaar voor het huwelijk. Logisch, denken de onderzoekers, want als de aanstaande bruidegom nog overtuigd is van zijn criminele bestaan, maar telkens van zijn potentiële huwelijkspartner hoort dat zij dat bestaan afkeurt, is de kans stukken kleiner dat het trouwfestijn doorgaat (Lyngstad en Skardhamar 2013). Kortom, het huwelijk is het gevolg van willen stoppen met criminaliteit, volgens de Noren, en dat is in overeenstemming met de cognitieve theorie.

11.5 Niet het huwelijk, maar het ouderschap

'Volgens sommige onderzoeken hangt trouwen zonder kinderen te krijgen bij mannen juist *niet* samen met een criminaliteitsafname,' vertelt levensloopcriminoloog Frank Weerman (NSCR). 'Als een man binnen het huwelijk een kind krijgt, vermindert zijn criminele gedrag wel. Dat effect is vooral zichtbaar bij de geboorte van het eerste kind en ebt trouwens ook weer weg.' Dit blijkt uit onderzoek in Nederland, dat zelfs laat zien dat het criminele gedrag vlak na de geboorte alweer toeneemt (Zoutewelle-Terovan 2015). Verondersteld wordt dat de snelle criminaliteitstoename komt door de hoge emotionele en financiële druk die het krijgen van een kind met zich meebrengt.

Weerman: 'Nog steeds is niet helder of trouwen en/of kinderen krijgen de oorzaak is dat iemand stopt met criminaliteit. De cognitieve theorie dat iemand al een ander pad is ingeslagen, kan immers ook zorgen dat hij openstaat voor een huwelijk, een kind en een niet-crimineel bestaan.' Misschien dat daarom zowel ouderschap zonder dat iemand is getrouwd, als ouderschap binnen het huwelijk de kans op criminaliteit doet verkleinen, al heeft de combinatie van kind en huwelijk het gunstigste effect op criminaliteit (Zoutewelle-Terovan 2015).

Zouden criminele vaders zich ervan bewust zijn dat hun kinderen (met name zonen) een groter risico lopen om in vaders criminele voetsporen te treden? Zo'n 60 % van de zonen met een criminele vader pleegt later zelf delicten. Hoe ernstiger crimineel de vader, hoe meer kans dat zonen ook delicten gaan plegen, laat een kwalitatieve studie naar zo'n vijftig kinderen van Amsterdamse beroepscriminelen zien (Dijk et al. 2018). Hoe meer delicten een vader op zijn naam heeft, hoe meer kans dat hun kind vanaf 12 jaar en ouder ook een strafblad heeft. Dit fenomeen, dat een patroon zich herhaalt bij het nageslacht, heet intergenerationele overdracht. Kinderen met een vader die meer dan vijftien keer is veroordeeld, hebben in meer dan 30 % van de gevallen een strafblad (Rakt et al. 2006). Kinderen plegen trouwens niet per se dezelfde soort delicten als hun vader.

Kinderen van wie de vader stopt met het plegen van delicten voor hun geboorte hebben evenveel kans op een strafblad als kinderen met een vader zonder strafblad (Rakt et al. 2006). Dat pleit voor het inzetten op interventies om criminele aanstaande vaders te doen stoppen of te steunen bij het beëindigen van hun criminele praktijken. Wat ook helpt tegen de overdracht van geweld op kinderen, is – dat klinkt wat gek misschien – als ouders scheiden. De blootstelling aan geweld van de vader vermindert, want meestal blijven de kinderen bij moeder. Al moet je er rekening mee houden dat genetische overdracht en opgroeien in een sociaaleconomische achterstandspositie ook (kunnen) blijven bijdragen aan de kans op delinquentie van kinderen van criminele ouders.

11.6 Telt verkering ook?

Jong laten trouwen dus, dan komt het wel goed met die delinquente jongere?! De jeugdreclassering houdt wel rekening met de rol die 'de verkering' kan spelen. Monique Veldhuis, gedragsdeskundige bij Jeugdbescherming Gelderland, adviseert de jeugdreclasseerders in haar team om gesprekken te voeren met de delinquente jongere en zijn vriendin samen. 'Vriendinnen vinden het vaak niet leuk als hun vriendje weer in de bak zit. Het liefst willen ze – heel traditioneel – dat hij geld spaart voor een huisje en 's avonds met hen naar de televisie kijkt.'

'We laten de vriendin in zo'n gesprek vertellen waarom ze verliefd op hem is geworden. Dat is vrijwel nooit vanwege zijn delinquente gedrag, wel door zijn leuke grapjes of mooie haar. We horen wat zij ervan vindt dat hij met de politie in aanraking komt en vragen of zij kan helpen om dat in de toekomst te voorkomen. Kan hij haar misschien bellen als hij zich rot voelt, in plaats van op pad te gaan met zijn vrienden om voor dat gevoel te vluchten? Deze jongens zijn namelijk niet gewend om een beroep op een ander te doen.'

Voor minderjarigen is trouwen nog ver weg, maar hoe dan ook is meteen trouwen er eigenlijk niet meer bij tegenwoordig. Veel jongvolwassenen gaan eerst een tijdje samenwonen. Bevalt het hokken, dan kan er altijd nog in het huwelijksbootje worden gestapt. Maar, is de positieve invloed van de partner dan niet al eerder van belang: tijdens het samenwonen? In dat geval is het toch dankzij de vriendin en het gevolg van de relatie dat iemand uit de criminaliteit blijft. Keihard bewijs daarvoor is er niet, maar wel voldoende om te vermoeden dat samenwonen eenzelfde verband heeft met de afname van criminaliteit (Sampson et al. 2006). Trouwen is sowieso minder aan de orde dan vroeger. Dat maakt onderzoek doen iets lastiger, want een huwelijk wordt geregistreerd, samenwonen in de meeste gevallen niet. Of de afname in criminaliteit nu het gevolg of de oorzaak is van samenwonen, ouderschap en/of het huwelijk, blijft voorlopig gissen.

11.7 Preventie en begeleiding

Tijdens de hulp van de jeugdreclassering (▶ kader Wat is jeugdreclassering?) staat werken aan een toekomstperspectief zonder criminaliteit centraal. 'Jongeren die stoppen met delinquent gedrag hebben het vaak voor elkaar op drie vlakken: onderwijs of dagbesteding, een plek om te verblijven en contacten met mensen die van hen houden en hen waarderen,' zegt gedragskundige Monique Veldhuis van de jeugdbescherming. Dat laatste is nog een behoorlijke opgave, weet ze. 'De samenleving zit niet (meer) op ze te wachten door alles wat ze hebben uitgespookt, maar het helpt ontzettend als een mentor af een toe en arm om hun schouders legt of vertelt hoe goed ze het doen. Dan voelen ze dat ze er mogen zijn.'

Jeugdreclassering kan al beginnen vóór de uitspraak van de rechter, als de jongere in voorlopige hechtenis zit. De jeugdreclasseerder kan bijvoorbeeld programma's inzetten om de agressieregulatie te verbeteren of de kansen op de arbeidsmarkt te vergroten. Binnen de jeugdreclassering is een variant voor etnische groepen, wanneer integratie en identiteit een probleem lijkt, en voor harde kernjongeren.

> **Wat is jeugdreclassering?**
> Jeugdreclassering wordt ingezet als een jongere een ernstig strafbaar feit heeft gepleegd of daarvan wordt verdacht. De begeleiding en controle kunnen op vrijwillige basis gebeuren, maar meestal wordt het als maatregel opgelegd door de rechter. In feite is het een vorm van gedwongen jeugdbescherming.
> De jeugdreclasseerder begeleidt en controleert een jeugdige van 12 jaar of ouder met als belangrijkste doel het voorkomen dat een jongere opnieuw een delict pleegt. Ook staat het werken aan een (ander) toekomstperspectief centraal. Als een jongere een elektronische enkelband krijgt, ziet de jeugdreclassering erop toe dat hij zich aan het locatiegebod of locatieverbod houdt.

> Jeugdreclassering kan ook aan 18- tot 23-jarigen worden opgelegd als de rechter besluit het adolescentstrafrecht toe te passen. Dat wil zeggen dat de rechter een straf of maatregel uit het jeugdstrafrecht oplegt in plaats van uit het volwassenenstrafrecht. Vaak gebeurt dit als wordt ingeschat dat een jongere nog pedagogisch is bij te sturen en dat behandelen beter is voor de ontwikkeling dan volwassendetentie.
> Alleen jeugdzorgprofessionals van een gecertificeerde instelling (GI) mogen jeugdreclassering bieden. Dat zijn instellingen die aan kwaliteitseisen en -normen voldoen, zoals het gebruik van bepaalde methodieken of programma's. De GI's worden gecontroleerd door de inspectie gezondheidszorg en jeugd.

Naast zulke begeleiding krijgen veelplegers uit de Top 600 (▶ par. 5.9) in Amsterdam nog iets anders voorgeschoteld. Tegen deze 600 jongeren treedt de gemeente Amsterdam streng op en ze krijgen uitgebreide hulp. En ze krijgen een voorlichtingsfilm te zien, gemaakt door Rotjoch. De werkelijke naam van deze rapper is Angelo Diop. Hij groeide in de Bijlmer op met een vader die vooral in de bak zat, een voor de jongeren herkenbare situatie dus. In de hoofdrol zien we een gespierde, ondergetatoeëerde donkere jongen (met een blanke moeder). In twintig minuten kunnen de Top 600-jongens bekijken hoe hij alles kwijtraakt – met tussendoor wat seksscènes en gewelddadige beelden om het op te leuken. De film is bedoeld om jongeren ervan te weerhouden wederom in de fout te gaan.

Werkt zulke preventie, waar criminelen en hun levenswijze centraal staan en de negatieve gevolgen van hun bestaan worden geschetst? Worden jongeren daardoor weerhouden van het plegen van delicten? Al jaren is namelijk bekend dat voorlichting door een voormalig crimineel aan middelbare scholieren niet helpt tegen de ontwikkeling van criminaliteit. De jongeren die al delinquent zijn, denken: wat een oen dat hij zich heeft laten pakken. Degenen met interesse in delinquente praktijken worden op een idee gebracht. Voor de anderen blijft het criminele leven een beetje een exotische ver-van-mijn-bedshow. Toch gebeurt het nog steeds: Schiedam trok bijvoorbeeld in 2018 een paar duizend euro uit voor een ex-gedetineerde die op scholen voorlichting geeft over de gevolgen van criminaliteit. Ook andere gemeenten denken met regelmaat over zulke programma's na.

Arme onderzoekers die in 2013 nog maar weer eens een update van hun review uit 2002 wijdden aan de niet-bewezen werkzaamheid. Wederom toonden ze aan dat preventieprogramma's met ex-gedetineerden toekomstig delictgedrag niet voorkomen. Erger nog, de leus 'baat het niet, dan schaadt het niet' gaat niet eens op! Minderjarige leerlingen lopen *meer* kans om in de toekomst delicten te plegen dan vóór de interventie. Of de gebruikte interventies nu harde confrontaties met de nare gevolgen van criminaliteit inhouden (zoals ontluisterende raps luisteren met gevangenen of opgesloten worden in een cel) of dat het alleen om een rondje gevangenis gaat. De leerlingen waren beter af geweest zonder (Petrosino et al. 2013).

11.8 Van hetzelfde laken een pak?

Dit boek beschrijft jeugdige delinquenten; de onderzoeken in dit hoofdstuk bevatten conclusies over volwassenen. Zijn de bevindingen dezelfde voor minderjarigen en jongvolwassenen? Biedt hun verkering bescherming tegen het plegen van delicten? Kan een werkgever het verschil betekenen voor een jongere? Helpt verkassen naar een andere regio of tijdelijk naar het buitenland om routines in gedrag te doorbreken? Zo zijn er jeugdzorginterventies waarbij jongeren een half jaar in Frankrijk op een boerderij werken.

Bijzonder hoogleraar Jeugdcriminologie Frank Weerman: 'Je moet voorzichtig zijn met het trekken van conclusies op basis van onderzoek naar volwassenen. Een opleiding volgen beschermt wel tegen het plegen van delicten, ook als een jongere al delinquent was. Maar goed onderzoek naar bijvoorbeeld de invloed van relaties op crimineel gedrag bij jongeren is er nauwelijks in Nederland, en dat geldt ook voor het effect van een verblijfplek en werk. En dan heb ik het nog niet over de invloed van etniciteit in samenhang met wonen, werk en wederhelft met criminaliteit. Daarvan hebben wetenschappers nog geen idee. Wel helder is dat niet alleen werk, woning, wederhelft en ouderschap belangrijk is, maar ook het behouden ervan.'

11.9 Volhouden

Juist het behouden van werk, een woonplek en een fijne relatie valt niet mee voor delinquente jongvolwassenen, en al helemaal niet voor degenen die al jaren notoir delicten plegen. Dat blijkt uit de verhalen van jonge veelplegers die Ido Weijers en Diane van Drie beschreven (2014). Vijf jaar na eerder onderzoek blikken ze met 21 van de onderzochte jongeren, inmiddels tussen de 18 en 24 jaar, terug op hun levens. Aan de hand daarvan formuleren de onderzoekers het stoppen met criminaliteit ('*desistance*') meer als een proces in vier fasen dan als een plotse, rationele gebeurtenis.

Dat fasemodel verloopt als volgt (Weijers en Drie 2014).
- In de eerste fase volharden de veelplegers. Ze zijn ongevoelig voor straf en zien criminaliteit als een *way of life*.
- In de tweede fase (erkennen) geven ze toe dat criminaliteit een prijs heeft. Ze denken te zullen stoppen, maar weten niet hoe of hebben er te weinig zelfvertrouwen voor.
- Tijdens de derde fase (voorbereiden) willen ze wel breken met criminele vriendjes en een normaal leven leiden met (ander) werk en een nieuwe woonplaats, maar ze twijfelen.
- Gedurende de laatste fase is er geen contact meer met oudere vrienden, solliciteren de voormalige veelplegers of volgen onderwijs.

Stoppen heeft in dit fasemodel te maken met motivatie en lijkt daarmee op bewust kiezen om te stoppen – wat aansluit op de cognitieve theorie. Maar stoppen in fasen, met terugval en twijfel, lijkt ook op een verslaving. Dat onderdeel is niet zuiver rationeel en heeft te maken met zelfbeeld, emoties en bindingen met anderen. En soms met coïncidenties – gebeurtenissen die toevallig plaatshebben en je het duwtje in de juiste richting geven.

Of het bewust gebeurt dat criminelen de blik verleggen naar een leven zonder permanent over hun schouders te moeten kijken of dat het een gevolg is van (toevallige) omstandigheden – er zijn wel voorwaarden die helpen. Bijvoorbeeld criminaliteit zo onaantrekkelijk maken, dat zelfs de meest volhardende veelpleger stopt. Rechters en advocaten mogen notoire veelplegers best harder aanpakken, want dat lijkt bij deze kleine groep het enige wat werkt. En pak dan meteen alle financiële voordelen af die zo'n veelpleger (heeft) bereikt met zijn praktijken. Dat maakt het een stuk minder interessant om te volharden (Weijers en Drie 2014).

Frank Weerman plaatst een kanttekening: 'Of alleen streng straffen werkt bij veelplegers, vraag ik me af. Het is veel belangrijker dat deze groep een intensieve interventie kan krijgen, specifiek gericht op het individu, die de achterliggende problemen aanpakt.' Het voorstel om jongeren onder financiële curatele te stellen, heeft Ido Weijers, emeritus hoogleraar jeugdstrafrecht (Universiteit Utrecht), intussen bijgesteld. 'Het blijkt juridisch vrijwel onhaalbaar voor minderjarigen, omdat niet zijzelf, maar hun ouders financieel verantwoordelijk zijn,' schrijft hij in *JeugdenCo* (2018, 5 'Beheer de buidel van boefjes', pag. 32-33).

Een experiment met vrijwillige bewindvoering stuitte ook op bezwaren: 'Bewindvoering kan tot nu toe niet door de strafrechter worden opgelegd als onderdeel van een sanctiepakket, maar alleen door de kantonrechter en op vrijwillige basis. Het experiment vanuit het Veiligheidshuis Utrecht maakte duidelijk dat jonge veelplegers niet snel geneigd zijn om zich vrijwillig onder beschermingsbewind te stellen.'

Weijers pleit ervoor dat de strafrechter de mogelijkheid krijgt financieel beschermingsbewind als bijzondere voorwaarde op te nemen in het vonnis. Daarmee kan bewindvoering binnen het strafrechtelijk kader worden uitgevoerd, want de veelpleger wordt verplicht het beheer over zijn financiële handel en wandel te aanvaarden op straffe van detentie. 'De bewindvoerder treedt op als vaste contactpersoon van de cliënt en alle betrokken instanties (zoals het Centraal Justitieel Incassobureau). Een van de uitgangspunten daarbij is om ook tijdens een uitvalperiode – als de veelpleger weer gepakt wordt en z'n uitkering verliest – de cliënt niet los te laten en de bewindvoering door te laten gaan.'

Of stoppen nu te maken heeft met woning, werk of wijf, en of dat nu voor of na het stoppen komt: stoppen is een pittig proces. Politici, hulpverleners en beleidsmakers moeten daarom (doorgaan met) gunstige omstandigheden creëren om stoppen met criminaliteit vol te houden. Veldhuizen ziet hoe jeugdreclasseerders dat dagelijks doen: 'Jeugdreclasseerders zetten zich 100 % in voor hun jongeren, zodat een jongere merkt: ik ben wel de moeite waard. Ook als dader. Vaak nemen jongeren later nog contact met ze op. "Ik was je toen wel zat," zeggen ze dan. "Maar jij bleef voor me gaan."'

Literatuur

Beerthuizen, M. G. C. J., Beijersbergen, K. A., Noordhuizen, S., & Weijters, G. (2015). *Vierde meting van de monitor nazorg ex-gedetineerden. Cahier 2015-11.* Den Haag: WODC. ▶ https://www.wodc.nl/binaries/cahier-2015-11-volledige-tekst_tcm28-73365.pdf.

Blokland, A. A. J., & Nieuwbeerta, P. (2005). The effects of life circumstances on longitudinal trajectories of offending. *Criminology, 43,* 1203–1240. ▶ https://doi.org/10.1111/j.1745-9125.2005.00037.x.

Dijk, M. van, Kleemans, E., & Eichelsheim, V. (2018). Children of organized crime offenders: Like father, like child? An explorative and qualitative study into mechanisms of intergenerational (dis)continuity in organized crime families. *European Journal on Criminal Policy and Research,* (in press), 1–19. ▶ https://doi.org/10.1007/s10610-018-9381-6.

Laub, J. H., & Sampson, R. J. (1993). Turning points in the life course: Why change matters to the study of crime. *Criminology, 31,* 301–325. ▶ http://doi.org/10.1111/j.1745-9125.1993.tb01132.x.

Lyngstad, T. H., & Skardhamar, T. (2013). Changes in criminal offending around the time of marriage. *Journal of Research in Crime and Delinquency, 50,* 608–615. ▶ https://doi.org/10.1177/0022427812469516.

Petrosino, A., Turpin-Petrosina, C., Hollis-Peel, M. E., & Lavenberg, J. G. (2013). 'Scared Straight' and other juvenile awareness programs for preventing juvenile delinquency. *Campbell Systematic Reviews, 5,* 1–55. ▶ https://doi.org/10.4073/csr.2013.5.

Rakt, M. van de, Nieuwbeerta, P., & Graaf, N. D. D. (2006). Zo vader, zo zoon? De intergenerationele overdracht van crimineel gedrag. *Tijdschrift voor Criminologie, 48,* 345–360. ▶ http://hdl.handle.net/1887/15240.

Sampson, R. J., Laub, R. J, & Wimer, C. (2006). Does marriage reduce crime? A counterfactual approach to within-individual causal effects. *Criminology, 44,* 465–508. ▶ https://doi.org/10.1111/j.1745-9125.2006.00055.x.

Schellen, M. van, Poortman, A., & Nieuwbeerta, P. (2012). Partners in crime? Criminal offending, marriage formation, and partner selection. *Journal of research in crime and delinquency, 49,* 545–571. ▶ https://doi.org/10.1177/0022427811414197.

Skardhamar, T., & Savolainen, J. (2014). Changes in criminal offending around the time of job entry: A study of employment and desistance. *Criminology, 52,* 263–291. ▶ https://doi.org/10.1111/1745-9125.12037.

Verbruggen, J. (2014). *Previously institutionalized youths on the road to adulthood: A longitudinal study on employment and crime.* Proefschrift. Vrije Universiteit Amsterdam. ▶ http://hdl.handle.net/1871/51574.

Vogel, M., Porter, L. C., & McCuddy, T. (2017). Hypermobility, destination effects, and delinquency: Specifying the link between residential mobility and offending. *Social Forces, 95,* 1261–1284. ▶ https://doi.org/10.1093/sf/sow097.

Weerman, F. M., Keijser, J. W. de, & Huisman, W. (2015). Woning, werk, wederhelft: Wat is waar van een oude wijsheid? *Delikt en Delinkwent, 45,* 545–553.

Weijers, I. (2018). *Veelplegers aanpakken.* Amsterdam: SWP.

Weijers, I., & Drie, D. van (2014). *Stoppen of volharden. Portretten van jonge veelplegers.* Amsterdam: SWP.

Zoutewelle-Terovan, M. V. (2015). *Criminality and family formation: Disentangling the relationship between family life events and criminal offending for high-risk men and women.* Proefschrift. Vrije Universiteit Amsterdam. Enschede: Ipskamp Drukkers.

Zoutewelle-Terovan, M., Geest, V. van der, Liefbroer, A, & Bijleveld, C. (2012). Criminality and family formation: Effects of marriage and parenthood on criminal behavios ofor men and women. *Crime and Delinquency, 60,* 1209–1234. ▶ https://doi.org/10.1177/0011128712441745.

Slachtoffers maken of slachtoffer zijn?

Wat daders dikwijls gemeen hebben – slotbeschouwing

Samenvatting
De delinquenten over wie het in dit boek gaat, zijn geen jongens die je graag 's avonds laat tegenkomt. Je zou zomaar zelf slachtoffer van een van hen kunnen worden. Maar had het daderschap van deze jongens voorkomen kunnen worden? Begint daderschap misschien bij het gegeven dat een deel van deze ernstige delinquenten zelf óók slachtoffer is?

12.1 Bart, Axel en Kevin – 119

12.2 Nare jeugdervaringen, nare uitkomsten als volwassene – 119

12.3 Verwaarlozing en delinquentie – 120

12.4 Hoe erger de jeugdervaringen, hoe slechter de uitkomst – 121

12.5 Veranderde hersenen, veranderde genen – 122

12.6 Veelpleger Noureddine: zielig of berekenend? – 123

12.7 Slachtoffer en dader: dezelfde behandeling? – 123

Literatuur – 124

© Bohn Stafleu van Loghum is een imprint van Springer Media B.V., onderdeel van Springer Nature 2019
M. van Dorp, S. Aytemur en N. Swart, *Jeugdige delinquenten*, https://doi.org/10.1007/978-90-368-1440-9_12

De juridische praktijk: daders verdienen ook verdediging

Sommige mensen kunnen zich niet voorstellen dat ik minder- of meerderjarige verdachten bijsta. In hun ogen staat namelijk al vast dat deze mensen een misdrijf hebben gepleegd, omdat ze anders niet zouden zijn opgepakt en vervolgd. Als het gaat om verdachten in zedenzaken, is de verontwaardiging over mijn werk vaak nog groter. Steeds vaker krijg ik de vraag of ik ook pedofielen en zedendelinquenten verdedig. Dan kan ik niet volstaan met een kort antwoord; ik moet dat altijd toelichten.

Meestal begin ik met de opmerking dat ik zedenmisdrijven de ernstigste misdrijven uit ons wetboek vind. Het valt niet goed te praten dat iemand zijn eigen lustgevoelens belangrijker vindt dan het welzijn van een ander, zonder stil te staan bij de traumatische gevolgen ervan voor het slachtoffer.

Tegelijkertijd ben ik van mening dat elke verdachte van een misdrijf – wat voor misdrijf dan ook – goede rechtsbijstand verdient. Als iemand als verdachte wordt aangemerkt, verandert vaak zijn hele leven. Hij wordt aangehouden, vastgezet, vastgehouden en vervolgd. Justitie kan allerlei dwangmiddelen toepassen die de vrijheid en privacy van de verdachte beperken, zoals DNA en vingerafdrukken afnemen, de woning betreden en doorzoeken (en dat gaat niet zachtzinnig), goederen in beslag nemen, gegevens checken op telefoons, iPads en computers, telefoongesprekken tappen, observatie door een speciaal opgeleid politieteam en infiltratie – noem het maar op en het staat in het Wetboek van Strafvordering.

Een verdachte heeft alleen maar een advocaat die zijn belangen behartigt en verder niemand. Hij komt dus met 1-0 achter voor een overheidsapparaat te staan. Daarnaast zal de maatschappij zich tegen hem keren volgens de logica: waar rook is, is vuur. Hij loopt het risico zijn baan, woning, vrienden en soms zelfs zijn partner en familieleden te verliezen. In sommige branches zal het lastig worden een nieuwe baan te krijgen, omdat een VOG (Verklaring Omtrent het Gedrag) wordt geweigerd, zelfs terwijl er nog geen veroordeling is. In een rechtssysteem waarin het openbaar ministerie ten opzichte van de verdediging een zeer grote macht heeft en al deze dwangmiddelen kan toepassen, vind ik het belang van een goede verdediging nog prangender. Daarom heb ik destijds gekozen voor het vak van advocaat.

Het belang van goede rechtsbijstand vind ik zo belangrijk, dat ik mijn mening of verontwaardiging over een strafzaak weet uit te schakelen. Dat moet ook wel, want anders kan ik mijn vak niet goed uitoefenen. En even terzijde, dikwijls hebben zedendelinquenten vroeger zélf met seksueel misbruik of andere nare gebeurtenissen te maken gehad. Het maakt mij overigens niet uit of de verdachte iets wel of niet gedaan heeft. Daar vraag ik ook niet naar. Ik krijg een dossier van het openbaar ministerie aangeleverd en daar moet ik het mee doen. Natuurlijk luister ik aandachtig naar het verhaal van de verdachte, en als het dossier niet volledig is of een eenzijdig verhaal bevat, moet ik onderzoek laten doen om het verhaal ook van de andere kant te belichten. Ik ben dan in sommige gevallen afhankelijk van hetzelfde openbaar ministerie dat het dossier heeft samengesteld en ik mag van geluk spreken als mijn onderzoekswensen worden gehonoreerd.

Dat het mij niet uitmaakt of iemand verdacht wordt van misbruik met minderjarigen of ontuchtige handelingen met een ander kind dat vele jaren jonger is dan hijzelf, betekent overigens niet dat ik geen oog heb voor het belang van het slachtoffer. Ik voer mijn verdediging met de nodige zorgvuldigheid en respect richting slachtoffers en nabestaanden, zonder daarbij het belang van mijn cliënt uit het oog te verliezen. Dat ik

> verdachten bijsta, betekent al helemaal niet dat ik het zelf niet zo nauw neem met de regels of dat ik lak heb aan de maatschappij. Ik vind alleen dat als iemand als verdachte wordt aangemerkt en de vervolging tegen hem begint, hij de zwakste schakel wordt in het strafproces. En die zwakste schakel wil ik graag bijstaan. Dus mijn antwoord is 'ja': ik sta ook pedofielen en zedendelinquenten bij.
> *Semra Aytemur*

12.1 Bart, Axel en Kevin

Het meubilair vloog door het klaslokaal en voor een kraak zetten draaide hij zijn hand niet om, vertelde Bart. Axel blowde, dealde hasj, stal en sloeg met vrienden voor de lol dingen op straat kapot. Kevin bekende een scooterdiefstal en bij hem thuis sneuvelde er nogal eens een ruit als hij kwaad was.

Zomaar drie 20-jarigen die ik als journalist in de afgelopen jaren sprak over hun jeugd. Ze kregen Halt-straffen en groeiden op in (gesloten) jeugdzorginstellingen en/of justitiële jeugdinrichtingen. Alledrie delinquent. Alledrie hebben ze ongetwijfeld te maken met één of meer van de factoren die een rol spelen bij criminaliteit uit de afgelopen hoofdstukken. En de drie hebben nog iets gemeen. Daarvoor wil ik inzoomen op een belangrijke vraag: zijn ze dader en ook slachtoffer?

Behalve de factoren die van invloed zijn op delinquentie, is er nog iets waarmee veel daders te maken krijgen in hun jeugd. Als kind ervoeren ze traumatische gebeurtenissen, die het moeilijk maken om de vraag te beantwoorden of je ze hun daden kunt toerekenen. Zijn ze slachtoffer van hun verleden of is het toch een kwestie van eigen schuld? Kun je het helpen dat je iemand in elkaar slaat als je in een gewelddadig gezin bent opgegroeid?

Bart, Axel en Kevin hadden alledrie als kind al te maken met ingewikkelde opgroeiomstandigheden. Bij Bart thuis was vroeger veel ruzie. Was hij brutaal of luisterde hij niet, dan werd zijn vader woest en sloegen ze elkaar. Bij Kevin thuis streden zijn stiefvader en hij om de aandacht van zijn moeder. Al die tijd was er een geheim waar hij pas jaren later achter kwam: zijn moeder bleek zijn tante. Axels stiefvader, pooier en kickbokser, sloeg de moeder van Axel en zijn broertje. Zijn stiefvader stalkte hen toen zijn moeder hem verliet en met Axel en zijn broertje buiten de stad in een stacaravan ging wonen. Al op jonge leeftijd maakten deze jongens heftige gebeurtenissen mee en kregen te maken met een onveilige en onvoorspelbare gezinssituatie.

12.2 Nare jeugdervaringen, nare uitkomsten als volwassene

Traumatische jeugdervaringen (Adverse Child Experiences, ACE's) hangen in ieder geval samen met chronische en dodelijke ziektes als kanker, hart- en longziekten en obesitas, blijkt uit grootschalig Amerikaans onderzoek (Felitti et al. 1998). Hoe meer traumatische jeugdervaringen, hoe groter de kans dat iemand chronisch ziek wordt. Het gaat om psychische of fysieke mishandeling, seksueel misbruik, psychische of fysieke verwaarlozing, getuige zijn van geweld naar de moeder, drugsmisbruik of psychische aandoening van een gezinslid, te maken hebben met gescheiden ouders of gescheiden opgroeien van een ouder en/of een gezinslid hebben dat in de gevangenis zit. En: Hoe meer *soorten* traumatische jeugdervaringen, hoe meer kans dat er in het volwassen leven sprake is van werkloosheid, betrokkenheid bij geweld, gevangenisstraf, drankmisbruik en roken. Nare jeugdervaringen hebben dus gevolgen voor de ontwikkeling van lichamelijke problemen en voor gedragsproblemen als volwassene, zoals criminaliteit.

Zie je de link tussen nare jeugdervaringen en criminaliteit ook terug bij adolescenten? Een recente review van 55 onderzoeken trekt inderdaad vergelijkbare conclusies over de samenhang van traumatische jeugdervaringen (ACE's) en delinquent gedrag als adolescent. Er is verband tussen het opgroeien met een verslaafde, criminele en/of alleenstaande ouder en verschillende soorten delinquenten: met *life course persisters* (jong antisociaal gedrag vertonen en daarmee doorgaan tot in de volwassenheid), *late onset offenders* (die pas laat in de adolescentie beginnen met delicten plegen) én *adolescence limited offenders* (die alleen delicten plegen tijdens de puberteit (Joliffe et al. 2017).

Een schokkend groot aantal jongvolwassen dat in de criminaliteit belandt, had in zijn of haar jeugd te maken met kindermishandeling of misbruik, constateert ook een studie onder ruim 64.000 jeugdige overtreders in Florida. De jongvolwassen ernstige delinquenten hadden gemiddeld met drie tot vier (!) ACE's te maken in hun jeugd. Traumatische jeugdervaringen verhogen niet alleen de kans om in aanraking te komen met politie en justitie, maar vergroten ook het risico op recidive (Baglivio et al. 2014).

12.3 Verwaarlozing en delinquentie

Bij kindermishandeling ligt vaak de focus op het slaan en schoppen van kinderen en op seksueel misbruik. Maar emotionele en fysieke verwaarlozing komen ook voor, meer dan vermoed. Eén à twee op de tien scholieren voelt zich verwaarloosd (Alink et al. 2011). Verwaarlozing houdt onder meer in dat ouders niet leeftijdsadequaat of pedagogisch reageren, het kind te weinig liefdevol aanraken, onvoldoende naar het juiste jaargetijde kleden, niet goed zorgen dat het kind naar school of op tijd naar bed gaat en voldoende (gezond) eet.

Verwaarloosd worden als kind en vervolgens als adolescent vervallen in delinquent gedrag is eveneens gerelateerd. Delinquente adolescenten die verwaarloosd worden en bij wie de jeugdbescherming betrokken is ten tijde van hun arrestatie, lopen meer kans te recidiveren dan de delinquenten bij wie geen verwaarlozing in de jeugd is geconstateerd. Meer dan zes van de tien gearresteerde jongeren bij wie verwaarlozing nog altijd speelde, recidiveerde binnen anderhalf jaar. Van de delinquente jongeren die niet waren verwaarloosd of bij wie de jeugdbescherming de ouders met succes betere opvoedvaardigheden had bijgebracht, recidiveerde 'maar' de helft (Ryan et al. 2013).

Gearresteerde jongeren bij wie nog altijd de jeugdbescherming betrokken was vanwege verwaarlozing waren jonger (14,9 jaar oud) dan de jongeren bij wie jeugdbescherming niet betrokken was (gemiddeld 15,6 jaar oud). Verwaarloosde delinquente jongeren hadden daarnaast vaker geen prosociale vrienden (Ryan et al. 2013). Ofwel: de alarmbellen moeten gaan rinkelen zodra bekend is dat een jongere én met jeugdbescherming én met justitie te maken heeft. Vooral als hij ook nog aan de startfase van de puberteit staat, want de kans op het ontwikkelen van of volharden in delinquentie is dan groot. Het pleit eveneens voor de inzet van multisysteemtherapie en familie-interventies.

12.4 Hoe erger de jeugdervaringen, hoe slechter de uitkomst

Een kwalitatieve studie naar kinderen van Amsterdamse beroepscriminelen laat zien dat hoe ernstiger crimineel de vader, hoe meer kans dat zonen ook crimineel gedrag gaan vertonen. Bij deze intergenerationele overdracht van crimineel gedrag spelen mogelijk de traumatische ervaringen een rol die kinderen van deze zware criminelen meemaken, naast socialisatie (het kind imiteert wat het in de omgeving ziet) en opvoedcapaciteiten van ouders, suggereert de onderzoeker (Dijk et al. 2018). Van de ruim vijftig onderzochte kinderen moet 95 % zijn vader langere tijd missen, omdat hij in de gevangenis zit, omdat hij is ondergedoken vanwege liquidatiedreiging of omdat de politie naar hem op zoek is. Meer dan één op de drie (!) heeft een vader die is geliquideerd. Van Dijk tekende onder andere het verhaal op van een moeder met drie kinderen van drie verschillende criminele mannen, die alledrie al geliquideerd waren (Dijk et al. 2018).

Begeleiding bieden aan deze gezinnen is ingewikkeld. Ouders accepteren vaak geen hulpverlening en beweren bijvoorbeeld dat het goed gaat met hun zoon. Ondertussen blijkt deze zich niet veel later tot zware crimineel te ontwikkelen. Hulpverleners zijn vaak bang om door te pakken vanwege de gewelddadige reputatie van de vader of weten niet eens dat ze met een zware crimineel te maken hebben (Dijk et al. 2018).

Jeugdige slachtoffers van geweld kunnen getraumatiseerd raken, zich depressief voelen of boosheid ervaren. Met name boosheid na slachtofferschap hangt samen met delinquentie (Wemmers et al. 2018). Hoe vaker kinderen en adolescenten slachtoffer zijn van nare ervaringen, hoe meer kans ze lopen om nogmaals slachtoffer te worden van bijvoorbeeld geweld of andere nare gebeurtenissen. Dit heet revictimisatie: hoe vaker een adolescent een traumatische gebeurtenis meemaakt – zoals kindermishandeling, -misbruik of getuige zijn van huiselijk geweld –, hoe groter het risico op posttraumatische stressstoornis (PTSS), middelenmisbruik en delinquentie (Ford et al. 2010). Nare jeugdervaringen zorgen dus voor psychische kwetsbaarheid, kans op herhaald slachtofferschap en meer risico op delinquent gedrag, en zorgen er zo voor dat jeugdigen zowel slachtoffer als dader kunnen worden.

12.5 Veranderde hersenen, veranderde genen

De nare jeugdervaringen die Felitti telde en hun verband met chronische en dodelijke ziektes, blijken inmiddels ook direct neurobiologisch effect te hebben op de hersenen, het stressresponssysteem (Teicher et al. 2003) en zelfs het DNA (Houtepen et al. 2016). Dat de impact van traumatische jeugdervaringen voortduurt, heeft deels ook te maken met epigenetische veranderingen: genen die een erfelijke aanleg in zich dragen, veranderen door invloed van buitenaf (voor de kenners: zonder dat de volgorde van het DNA in de celkern verandert). Er verandert iets aan de chemische structuur van het DNA, waardoor de erfelijke aanleg voor bepaald gedrag of een ziekte wordt 'aangezet' of 'uitgezet'. Dit wordt DNA-methylatie genoemd.

Misschien zijn die gen-veranderingen er mede debet aan dat jongeren eerder agressief reageren? Want traumatische ervaringen hebben ook gevolgen voor het stressresponssysteem in het lichaam. Dat systeem is verantwoordelijk voor de aanmaak van hormonen en beïnvloedt zo hoe je lijf omgaat met stress. Als dit systeem, de hypothalamus-hypofyse-bijnier-(HPA-)as genoemd, verstoord raakt, reageert het lichaam met overdreven stresssymptomen op nare situaties, of reageert juist nauwelijks fysiek op hevige stress (Houtepen et al. 2016). Een verstoord stresssysteem kan op jonge leeftijd weer te maken hebben met een minder goede beheersing van emoties, zodat een kind sneller agressief gedrag laat zien. Of het verstoorde stresssysteem zorgt dat een jongere lauw reageert. Bekend is dat 'koele kikkers' minder gevoelig zijn voor straf en meer geneigd zijn tot riskant of gevaarlijk gedrag. Zo dragen traumatische jeugdervaringen via veranderingen in het lichaam bij aan een grotere neiging tot delinquent gedrag.

Zou het over een aantal jaren heel gewoon zijn om met DNA-test vast te stellen of een delinquent die gewelddadige inbraak wel had kunnen voorkomen, gezien de (epi)genetische verandering ten gevolge van traumatiserende jeugdervaringen? En kunnen we over een tijdje zulke (epi)genetische of neurobiologische veranderingen in een persoon zoeken en bijstellen? Bijvoorbeeld door medicatie met hormonen die sociaal gedrag en fysieke reacties op stress beïnvloeden, zoals het knuffelhormoon oxytocine en de stresshormonen cortisol en adrenaline. Of kun je, als niet op tijd is ingegrepen, iemand resetten met CRISPR-Cas? Dat is een nieuwe techniek die het mogelijk maakt om DNA bij te werken en zelfs te veranderen, waardoor goede of gezonde eigenschappen in een lichaam actief worden.

12.6 Veelpleger Noureddine: zielig of berekenend?

Deze wetenschappelijke bevindingen helpen mij toch om empathie te voelen tijdens het gesprek met Noureddine, over wie ik in ▶H. 9 schrijf. Noureddine is namelijk boos, want na zijn gevangenisstraf stond hij met een vuilniszak met zijn bezittingen op straat. Zoek het maar uit – zo ervoer hij dat. Natuurlijk, hij praat elke week met een reclasseringswerker. Maar die helpt hem niet, vindt Noureddine.

Hij zou wel sportleraar willen worden, maar heeft nog geeneens zijn vmbo-diploma. Werk vinden is zacht uitgedrukt niet eenvoudig met een strafblad. 'Niemand wil me helpen,' stelt hij verontwaardigd vast, 'want ze kunnen nu toch niet aan me verdienen.' Dus woont hij bij zijn alleenstaande moeder, traint een beetje op de sportschool en speelt urenlang op de *PlayStation*.

Hoewel ik zijn beperkte inzicht in zijn daden tijdens ons gesprek schokkend vind en me tijdens het gesprek afvraag of hij überhaupt een geweten bezit, begrijp ik zijn probleem wel. Zelfs al word ik kriegelig van de slachtofferrol die hij aanneemt; ik snap hoe lastig het is om zo uit het gestructureerde nest van de gevangenis gegooid te worden. Bij het inslaan van een nieuwe weg en voorkómen van delictgedrag kun je wel een steuntje in de rug gebruiken. Noureddine's voormalig hulpverlener Abdellaziz Akhath vertelt dat een 20-jarige jongen die vrijkwam eens tegen hem zei: 'Ik moet beginnen waar ik was toen ik de gevangenis in ging. Opeens ben ik weer 15.'

Is Noureddine een gewetenloze veelpleger, voor wie ik moet huiveren, mocht ik hem 's avonds laat tegen het lijf lopen? Hij moet om die vraag een beetje lachen, al geeft hij toe dat het uitmaakt of ik dan een dure laptop onder mijn arm draag. Of is hij ook slachtoffer van zijn omgeving? Met een vader die vertrok toen hij nog klein was en die hij nooit meer heeft gezien. Van jongs af aan groeide hij op in een niet al te beste buurt in de Randstad met zijn alleenstaande moeder. Zij werkte zich een breuk om hem en zijn twee broers gevoed te krijgen en was mogelijk niet altijd emotioneel of fysiek beschikbaar om hem bij te sturen. Tel even mee: dat zijn bij de start van zijn leven al twee ACE's. Tussen neus en lippen door vertelt Noureddine dat een oom van hem om de zoveel tijd vastzit – wat de ACE-score op drie brengt, als je de tien nare jeugdgebeurtenissen van Felitti aanhoudt. En dan heb ik nog niet eens doorgevraagd over drugsmisbruik of andere problemen van zijn familieleden.

12.7 Slachtoffer en dader: dezelfde behandeling?

Delinquente jongens als Axel, Kevin, Bart en Noureddine máken niet alleen slachtoffers, ze zijn ook zelf slachtoffer, denk ik. Zo lang we aan de oorzaken van slachtofferschap en delinquentie niet genoeg (blijven) doen, is de kans groot dat slachtoffers als dader terechtkomen in het justitiële systeem. En dat ze als draaideurcrimineel blijven terugkeren. Vroeg opsporen van agressief en antisociaal gedrag, en onderzoeken of het misschien een reactie is van een onveilige en onzekere opvoedsituatie, blijft dus noodzakelijk.

Een dilemma bij preventief signaleren is dat het raakt aan de privacy en beslissingsruimte van ouders en kinderen. Zeker als je op de kenmerken van gezinnen algoritmen loslaat die de risico's in kaart brengen, zoals sommige gemeenten al doen met hulp van de databases met gegevens waarover ze beschikken en op basis daarvan besluiten dat preventief ingrijpen nodig is.

Zo vroeg mogelijk kijken of een kind met (te veel) traumatische jeugdervaringen te maken heeft en of er onvoldoende beschermende factoren aanwezig zijn, kan het aantal slachtoffers beperken of misschien zelfs voorkomen. En dan heb ik het ook over het slachtofferschap van de daders zelf, variërend van psychische problematiek als een posttraumatische stressstoornis (PTSS) tot slachtoffer worden van geweld door bijvoorbeeld vergelding door de onderwereld. In de hulpverlening krijgen slachtoffers en daders echter elk een andere behandeling, wat de vraag opwerpt of dat recht doet aan de omstandigheden.

Op welke manier er dan ook aandacht komt en blijft voor de ongunstige omstandigheden waarin sommige kinderen opgroeien en uitgroeien tot ernstige delinquenten – vroeg proberen te signaleren blijft een belangrijk aangrijpingspunt. Kijk bij dat boefje dus ook naar de andere gebeurtenissen die hij meemaakt of mee heeft gemaakt. Liefst voordat hij zich ontwikkelt tot boef.

Literatuur

Alink, L. R. A., IJzendoorn, M. H. van, Bakermans-Kranenburg, M. J., Pannebakker, F., Vogels, T., & Euser, S. (2011). *Kindermishandeling in Nederland anno 2010: De tweede nationale prevalentiestudie mishandeling van kinderen en jeugdigen (NPM-2010)*. Leiden: Casimir Publishers. Retrieved from ► http://www.leidenattachmentresearchprogram.eu/wordpress/content/npm-2010_rapport_screen.pdf.

Baglivio, M. T., Epps, N., Swartz, K., Huq, M. S., Sheer, A., & Hardt, N. S. (2014). The prevalence of adverse childhood experiences (ACE) in the lives of juvenile offenders. *Journal of Juvenile Justice, 3*, 1–19. ► http://www.journalofjuvjustice.org/JOJJ0302/article01.htm.

Dijk, M. van, Kleemans, E., & Eichelsheim, V. (2018). Children of organized crime offenders: Like father, like child? An explorative and qualitative study into mechanisms of intergenerational (dis)continuity in organized crime families. *European Journal on Criminal Policy and Research*, (in press), 1–19. ► https://doi.org/10.1007/s10610-018-9381-6.

Felitti, V. J., Anda, R. F., Nordenberg, D., Williamson, D. F., Spitz, A. M., Edwards, V., et al. (1998). Relationship of childhood abuse and household dysfunction to many of the leading causes of death in adults: The Adverse Childhood Experiences (ACE) study. *American Journal of Preventive Medicine, 14*, 245–258. ► http://dx.doi.org/10.1016/S0749-3797(98)00017-8.

Ford, J. D., Elhai, J. D., Connor, D. F., & Frueh, B. C. (2010). Poly-victimization and risk of posttraumatic, depressive, and substance use disorders and involvement in delinquency in a national sample of adolescents. *Journal of Adolescent Health, 46*, 545–552. ► https://doi.org/10.1016/j.jadohealth.2009.11.212.

Houtepen, L. C., Vinkers, C. H., Carrillo-Roa, T., Hiemstra, M., Lier, P. A. van, Meeus, W., et al. (2016). Genome-wide DNA methylation levels and altered cotrisol stress reactivity following childhood trauma in humans. *Nature Communications, 7*, 1–10. ► https://doi.org/10.1038/ncomms10967.

Joliffe, D., Farrington, D. P., Piquero, A. R., Loeber, R., & Hill, K. G. (2017). Systematic review of early risk factors for life-course-persistent, adolescence-limited, and late-onset offenders in prospective longitudinal studies. *Aggression and Violent Behavior, 33*, 15–23. ► https://doi.org/10.1016/j.avb.2017.01.009.

Ryan, J. P., Williams, A. B., & Courtney, M. E. J. (2013). Adolescent neglect, juvenile delinquency and the risk of recidivism. *Journal of Youth and Adolescence, 42*, 454–465. ► https://doi.org/10.1007/s10964-013-9906-8.

Teicher, M. H., Andersen, S. L., Polcari, A., Anderson, C. M., Navalta, C. P., & Kim, D. M. (2003). The neurobiological consequences of early stress and childhood maltreatment. *Neuroscience & Biobehavioral Reviews, 27*, 33–44. ► https://doi.org/10.1016/S0149-7634(03)00007-1.

Wemmers, J. -A., Cyr, K., Chamberland, C., Lessard, G., Collin-Vézina, D., & Clément, M. -E. (2018). From victimization to criminalization: General strain theory and the relationship between poly-victimization and delinquency. *Journal of Victims and Offenders, 13*, 542–557. ► https://doi.org/10.1080/15564886.2017.1383958.

Bijlagen

Register – 126

© Bohn Stafleu van Loghum is een imprint van Springer Media B.V., onderdeel van Springer Nature 2019
M. van Dorp, S. Aytemur en N. Swart, *Jeugdige delinquenten*, https://doi.org/10.1007/978-90-368-1440-9

Register

A

aanpassingsproblemen 64, 65
achterstandsbuurt 44, 56
achterstandspositie 56
adolescence limited offender 7, 10, 120
adolescentenstrafrecht (ASR) 12, 14, 73, 74, 83
adolescentie 39, 41
adrenaline 122
Adverse Child Experiences (ACE's) 119
age-crime curve 7, 12, 54
agressieregulatietraining 68
antisociale stoornis 67, 101
Attention Deficit Hyperactivity Disorder (ADHD) 9, 63
autismespectrumstoornis (ASS) 67
autonoom zenuwstelsel 21
autoritair opvoeden 30
autoritaire opvoedstijl 30, 43, 55
autoritatieve opvoedstijl 30, 43, 55

B

Bandura 19
bekennen 84
beschermende factoren 10
bewindvoering 115
bias 58
binding 109, 110
– met de maatschappij 54
biologische factoren 102

C

civiele maatregel 74
coercion model 19
cognitieve theorie 110, 111, 114
cognitieve verandering 107, 108
cognitive distortions 88
comorbiditeit 63
compassionate justice 12
conduct disorder (CD) 63, 101
contextuele factor 29
controle
– ouderlijke 30
– psychologische 30
cortisol 102, 122
criminaliteit 3
– stoppen met 114
– theorieën 51
– veelvoorkomende 9
– zware 9
crimineel 9
CRISPR-Cas 122
culturele-deviantietheorie 51
culturele dissonantie 55
cybercriminaliteit 13

D

dagvaarding 90
databank Effectieve Interventies 25
debuuthypothese 13
delegaatperspectief 45
delinquentie 3, 9
denkfouten 95, 97
desistance 114
desisters 45
detentie 14
detectie-effect 65
deviancy training 95
deviante vrienden 33
differentiële-associatietheorie 51
disciplineren 100
disclosure 32
discriminatie 58
distale kenmerken 29
DNA-methylatie 122
drugsgebruikers 63
Dunedinstudie 101

E

Een Goed Begin 24
elektronische enkelband 112
emerging adulthood 12
emotieregulatie 63
empathie 20
empathische ontwikkeling 86
enkelband 15
epigenetische veranderingen 122
EQUIP 89, 95, 97
ethisch besef 86
etniciteit 51
– theorieën 51
etnisch profileren 58
Europees Verdrag voor de Rechten van de Mens (EVRM) 83
excuusbrief 84
executieve functies 65
externaliserend gedrag 88
externaliserende problemen 30

F

fearlessness-theorie 102
financieel beschermingsbewind 115
financiële curatele 114
foute vrienden 39
Functional Family Therapy (FFT) 33
fysiologische kenmerken 22

G

gecertificeerde instelling (GI) 113
gedragsbeïnvloedende maatregel (GBM) 15
gedragsinterventie 68
gedragsverandering 101
generalisatievermogen 65
genetische overdracht 111
gesloten jeugdzorg 74
geweldsdelicten 9
gewetensontwikkeling 85
gewetensvorming 89
goedpraten 88
groepsdruk 41

H

Halt 8, 14
Halt-sanctie 8, 84
hechting 24
hechtingstheorie 110
herhaald slachtofferschap 122
herstelrecht 84
heterotypische continuïteit 9
high impact crime (HIC) 46
hormonen 102
hotspots 42
HPA-as 122
huwelijk 107

I

impulsbeheersing 68
In Control 68
informele setting 90
inhibitievermogen 20, 63
inkomen 108
inlevingsvermogen 20, 88
Inrichting voor Stelselmatige Daders (ISD) 63

intergenerationele overdracht 111, 121
internaliserende problemen 10, 30
IQ, laag 64, 65

J

jeugd-tbs 14, 74, 75
jeugdbescherming 75, 80, 120
jeugdbeschermingsmaatregel 15
jeugdervaringen, traumatische 119, 122
jeugdreclassering 80, 112
jeugdstrafrecht 14, 73
Jeugdwet 79
Jeugdzorg-plus 74
jongvolwassene 3
justitiële documentatie 9
justitiële jeugdinrichting (JJI) 13, 14
– lege plekken 74

K

kindermishandeling 120
koele kikkers 101, 122

L

laatbloeiers 10
Landelijk Instrumentarium Jeugdstrafrechtketen (LIJ) 84
late offender 10
late onset offender 120
leeftijdgenoten 39
leerstraf 8
Leren van Delict 68
levensloopcriminologie 107
licht verstandelijke beperking (LVB) 64, 65
life course persister 7, 9, 10, 120

M

maatregel 14
– civiele 74
– jeugsbeschermings- 15
machtiging uithuisplaatsing 74
marshmallowtest 20
maturation-theorie 108
middelenmisbruik 63
– bij LVB 66
migrantenjeugd 51
misdrijf 9
Moffitt, Terrie 7

monitoring, ouderlijke 44
moreel-affectieve ontwikkeling 86
moreel besef 20, 97
moreel redeneren 95
morele ontwikkeling 86, 97
motivatie 100, 114
Multidimensionele Familie Therapie (MDFT) 33, 68
multiproblematiek 67
multisysteemtherapie (MST) 33, 34

N

nazorg 98
nemo teneturbeginsel 83
neurobiologische aanleg 9, 101

O

officier van justitie 85
omerta 89
ondertoezichtstelling (OTS) 74
ongestructureerde vrije tijd 42
onthouder 11, 44
onthullen 32
ontkennen 84
oppositioneel-opstandige gedragsstoornis (ODD) 63, 101
opvoedprogramma's voor ouders 33
opvoedstijl
– autoritaire 43, 55
– autoritatieve 30, 43, 55
– binnen de allochtone groeperingen 55
– permissieve 30
– verwaarlozende 30
opvoedverschillen 55
ouder-kindrelatie 29, 32
– proximale factoren 29
ouderinterventies 33
– inzetten 34
ouderlijk toezicht 43
ouderlijke controle 30
ouderlijke monitoring 44
ouderlijke steun 30
ouders
– beschermende band 43
– opvoedprogramma's 33
– persoonlijkheidskenmerken 29
Ouders van Tegendraadse Jeugd 33
ouderschap 111
overtreding 9
oxytocine 102, 122

P

parasympathisch zenuwstelsel 21
PDD-NOS 67
pedagogische bijsturing 78
permissieve opvoedstijl 30
persoonlijkheidskenmerken van ouders 29
persoonlijkheidsonderzoek 89
peuterpuberteit 19
PIJ-maatregel 74, 75
Plaatsing in een Inrichting voor Jeugdigen (PIJ) 14
– verblijfsduur 97
plea bargain 91
posttraumatische stressstoornis 122, 124
prefrontale cortex 8
prenataal reflectievermogen 22
prenatale risicofactoren 19, 21
preventie 98
preventieprogramma's 26, 113
prosociale vrienden 33, 39
proximale factoren 29
psychiatrisch onderzoek 78
psychologische controle 30

R

Raad voor de Kinderbescherming (RvdK) 76
recidive
– risicofactoren 98, 101
– risicotaxatie-instrumenten 102
– traumatische jeugdervaringen 120
– voorkomen 98
recidivekans 95
recovery groep 10
reflectievermogen 22
– prenataal 22
regulatiesysteem 22
resistance 45
resisters 44
revictimisatie 122
risicofactoren
– prenatale 19, 21
– recidive 98
risicotaxatie-instrumenten voor recidive 102
rondhangen 42

S

Salduz-arrest 13
samenwonen 112
schaamte 85

schaamtecultuur 91
schorsen 90
schorsing 14
schuldgevoelens 85
Screener voor Intelligentie en Licht Verstandelijke Beperking (SCIL) 65
selectietheorie 39, 41
sensation seekers 53
sensation seeking-theorie 102
sensitief ouderschap 22, 23
seponeren 90
setting, informele 90
situationele-actietheorie 57
slachtofferverklaring 84
So Cool 68
Sociaal Competentiemodel 95
sociaal wenselijk 96
sociale controle 42, 54
sociale-controletheorie 51, 54, 107
sociale leertheorie 19
sociale media 13, 42
sociale-netwerkanalyse 40
sociale vaardigheden 100
socialisatie 121
socialisatie-effect 41
socialisatietheorie 39
statistische modellen 40
steun, ouderlijke 30
stiekeme agressie 20
strafblad 9, 84
strafvermindering 92
strain-theorie 51, 52
– kritiek 53
streetwise 64
stress 21
stressresponssysteem 101, 122
stresssysteem 102
sympathisch zenuwstelsel 21

T

taakstraf 76
taalvermogen 19
taxatie-instrument 84
temperament 32
Theory of Mind 20
toerekeningsvatbaar 73
Top 600 113
Top 600-aanpak 46
TOPs 95
traumatische jeugdervaringen 119, 122
trouwen 109

U

uithuisplaatsing (UHP) 74
uitkering 109
Up2U 101

V

veelpleger 9, 46
– aanpakken 114
veerkracht 45
verbale agressie 20
verblijfsduur in JJI 97
verhuizen 108
verkering 111
Verklaring Omtrent Gedrag (VOG) 84
vermogensdelicten 9
vernieling 9
veroordelingen 9
verslaving 66
verslavingsproblemen 63
verwaarlozende opvoedstijl 30
verwaarlozing 120
virtuele wereld 43
volwassen-tbs 74
volwassenstrafrecht 73, 79
voorlichting 113
voorlopige hechtenis 14, 92
VoorZorg 24
vrienden
– deviante 33
– foute 39
– prosociale 33, 39
vrijspreken 91

W

werk hebben 108
werkstraf 8
woonplek 107

Y

YOUTURN 57, 95

Z

zelfbeeld 85
zelfcontrole 68
zelfonthulling 32
zelfrapportage 39

zenuwstelsel
– autonoom 21
– parasympathisch 21
zorgplicht 80
Zorgvuldig, Snel en op Maat 12
ZSM-werkwijze 12
zwakbegaafd 65
zware criminaliteit 9
zwijgrecht 83

MIX
Papier aus verantwortungsvollen Quellen
Paper from responsible sources
FSC® C105338

If you have any concerns about our products,
you can contact us on
ProductSafety@springernature.com

In case Publisher is established outside the EU,
the EU authorized representative is:
**Springer Nature Customer Service Center GmbH
Europaplatz 3, 69115 Heidelberg, Germany**

Printed by Libri Plureos GmbH
in Hamburg, Germany